Jens Meyer

El mundo hispánico de cerca:

¿Quo vadis, Catalunya?

Cuaderno para estudiantes de bachillerato

Schmetterling Verlag

Bibliografische Informationen Der Deutschen Nationalbibliothek
Die Deutsche Bibliothek verzeichnet diese Publikation in der Deutschen Nationalbibliografie;
detaillierte Daten sind im Internet über http://dnb.d-nb.de abrufbar.

Schmetterling Verlag GmbH
Lindenspürstr. 38 b
70176 Stuttgart
www.schmetterling-verlag.de
Der Schmetterling Verlag ist Mitglied von aLiVe.

ISBN3-89657-916-9
1. Auflage 2015
Printed in Poland
Alle Rechte vorbehalten
Satz und Reproduktionen: Schmetterling Verlag
Druck: Sowa, Warszawa

Inhalt

Vorwort

Vermutlich hast Du schon im Unterricht oder in den Medien vom katalanischen Separatismus gehört. Allerdings wird er in den Nachrichten nur selten erwähnt, und wenn, dann ohne jegliche Hintergrundinformation. In politischen Magazinen wird zwar gelegentlich über ihn berichtet, dann könnte es aber sein, dass man die Information nur bei einer der zwei Seiten eingeholt hat. Dieses Heft nun möchte Dir die Möglichkeit geben, mehr darüber zu erfahren und Dir ein eigenes Bild zu machen. Die Akteure in Katalonien werden vorgestellt und die Politiker der Zentralregierung in Madrid und wie sie mit dem Phänomen umgehen. Befürworter und Kritiker kommen zu Wort.

Wenn zwei Seiten, sei es in der Politik oder im privaten Bereich, sich unversöhnlich gegenüberstehen und jede die eigene Position zum Nachteil der anderen durchsetzen möchte und glaubt, im Alleinbesitz der Wahrheit zu sein, ist in der Regel ein Konflikt unvermeidbar. Keine von beiden wird wohl bereit sein, eine chinesische Weisheit zu beherzigen, in der viel Wahrheit steckt: Jede Sache hat drei Seiten. Eine siehst Du, eine sehe ich, und eine sehen weder Du noch ich.

Im ersten Abschnitt dieses Heftes (*Presentación del tema*) wird auf einige Fragen eingegangen, die wahrscheinlich im Verlauf der Behandlung des Themas im Unterricht entstehen würden, im zweiten (*El separatismo catalán: explicaciones y política*) wird die derzeitige Politik der katalanischen Regierung und ihre Motive dargestellt; im dritten (*Escenarios de una Cataluña independiente*) findest Du einige Vorstellungen eines unabhängigen Kataloniens, die von einer neu gegründeten Regierungs-Organisation (*Consejo Asesor para la Transición Nacional*) ausgearbeitet wurden; im vierten Abschnitt (*Madrid entre la espada y la pared*) geht es um die Politik der Madrider Zentralregierung, wobei mit Absicht dieser subjektive Titel gewählt wurde; Du sollst Dir nach der Behandlung des Themas Gedanken machen, ob er berechtigt ist. Im fünften Abschnitt kommen kritische und sehr kritische Stimmen zu Wort, und im letzten Teil (*Antes del cierre de edición*) wird kurz auf die neueste Entwicklung eingegangen.

Die Texte in diesem Heft sind in der Regel Auszüge aus längeren Zeitungs- und Internetartikeln. Sie wurden sprachlich nicht vereinfacht, ihr Vokabular wurde so gut wie immer beibehalten, deswegen sind auch die Wortangaben unter den Texten so ausführlich ausgefallen. Sie zu verändern hätte der Absicht des Fremdsprachenunterrrichts in der Oberstufe widersprochen, Dich an Originaltexte heranzuführen, mit denen Du es meistens zu tun haben wirst, wenn Du Dich nach dem Schulabschluss weiter mit dieser Fremdsprache beschäftigen willst. Nur die Kürzung der Texte war eine Notwendigkeit. Bei den Quellenangaben wird auf den Hinweis auf diese Veränderung verzichtet; dieser Hinweis hier soll genügen.

Die Unterscheidung zwischen Lern- und Verstehenswortschatz (fett oder kursiv gedruckt) ist cum grano salis zu nehmen. Sie entspricht den Erfahrungswerten des Autors dieses Heftes, letztendlich ist es aber Deine Entscheidung, welche Wörter Du in Deinen aktiven Wortschatz übernehmen möchtest und bei welchen Du davon ausgehst, dass Du sie nicht wirst gebrauchen können.

Nun bleibt noch, Dir bei der Arbeit mit diesem Heft, und das gilt natürlich auch für Deine Lehrerinnen und Lehrer, viel Spaß und Erfolg zu wünschen.

1. Presentación del tema

1.1. Con algo hay que empezar: Torbellino de ideas

■ Torbellino de ideas

Seguro que algunos de vosotros ya han oído o leído algo sobre el actual conflicto entre Cataluña y el Gobierno central de Madrid. En un torbellino de ideas vamos a ver lo que ya sabéis. El profesor va a escribir lo más importante en la pizarra o en una tra(n)sparencia.

■ Tarea en casa

Para la próxima clase de español todos deberán leer un artículo alemán aparecido en la red (7.4.2014). (http://www.dw.de/spanien-streitet-über-katalonien/a-17549623) Así os será más fácil comprender lo que se va a tratar en las próximas clases.

Podéis obtener más información en alemán en el capítulo *Nationales Selbstverständnis* del artículo *Katalonien* en la Wikipedia alemana.

1.2. Composición del parlamento catalán tras las elecciones del 25.11.2012

Sigla	Partido	Porcentaje votos	Escaños
CiU	Federación de dos partidos: Convergència Democràtica de Catalunya Uniò Democràtica de Catalunya	30,7%	50
ERC	Esquerra Republicana de Catalunya	13,7%	21
PSC	Partit dels Socialistes de Catalunya	14,43%	20
PPC	Partido Popular de Cataluña	12,97%	19
ICV-EUiA	Iniciativa per Catalunya Verds — Esquerra Unida i Alternativa	9,89%	13
C's	Ciutadans — Partido de la Ciudadanía	7,56%	9
CUP	Candidatura d'Unitat Popular	3,47%	3
			135

www.es.wikipedia.org/wiki/Anexo:Elecciones_en_España > elecciones autonómicas

■ Análisis

Mira los nombres de los partidos y di cuales existen en toda España y cuales sólo en Cataluña.

■ Ejercicio de mediación

Escoge un partido de la lista, busca información y preséntalo en dos o tres minutos a tu curso.

1.3. Preparación de un vocabulario temático

A continuación encuentras una lista de palabras sobre el tema que se va a tratar en este dossier. Ordénala y apúntatela.

la secesión	die Volksabstimmung, das Referendum
la Generalidad / la Generalitat	der Vorschlag eines Bundesstaates
las Cortes	der Volksentscheid, das Plebiszit
el separatismo	das Selbstbestimmungsrecht
la consulta (popular)	die Abspaltung, die Trennung
la consulta soberanista	Name des spanischen Parlaments
los votos	die Wahlen mit der Eigenschaft einer Volksabstimmung
las elecciones autonómicas	Name des katal. Parlaments und der Regierung
el porcentaje	die Volksabstimmung über die Unabhängigkeit
el referéndum	die Volksbefragung
el referéndum independentista	die Wahlen innerhalb des autonomen Gebiets
el derecho de autodeterminación (f.)	die Stimmen
la propuesta federal	die Unabhängigkeitsbewegung, -bestrebung
el plebiscito	die Befragung über die Unabhängigkeit / Souveränität
las elecciones de/con carácter plebiscitario	der Prozentsatz

1.4. ¿Quo vadis, Catalunya?

■ Descripción

1. Describe lo que ves en este mapa. ¿Qué quiere expresar la modificación?

2. Además, aprovecha el mapa para marcar los límites de las comunidades y repite los nombres de sus provincias.

3. Explica lo que son los dos puntos al sur de Andalucía.

1.5. No vamos a hablar de dinero

1 En estas páginas se va a hablar mucho de ideas, y de ideologías, y de sentimientos, y poco de dinero. Eso no significa que el dinero no tenga importancia en este asunto, el dinero tiene un papel muy importante en el conflicto entre Cataluña y el Gobierno central. Pero hablar de ideas y de sentimientos es más interesante que hablar de dinero, por eso apenas

5 vamos a mencionarlo. Pero para los políticos, preguntas como las siguientes son de gran importancia: ¿Quién tiene el derecho de imponer impuestos? (Existen tres sistemas tributarios: el estatal, el autonómico y el local.) ¿Qué impuestos? ¿Quién recauda los impuestos? ¿Quién tiene que entregar a quién dinero recaudado? ¿Qué porcentaje? ¿Cómo funciona la compensación financiera? ¿Quién recibe dinero de Bruselas? ¿Quién lo reparte? ¿Cómo lo

10 reparte? Para llamar al pan pan y al vino vino: ¿Quién depende de quién? ¿Quién puede presionar a quién?

> 📖 **Notas**
> **significar** - bedeuten; **el asunto** - Angelegenheit; **mencionar** - erwähnen; *imponer impuestos* - Steuern erheben; *tributario/a* - Steuer-; *recaudar* - einziehen; *la compensación financiera* - Finanzausgleich; **repartir** - verteilen; **llamar al pan pan y al vino vino** - etw. klar sagen, das Kind beim Namen nennen; **depender** - abhängen; **presionar** - unter Druck setzen

■ **Taller de creación**

Presenta algo que se pueda ver de más de una manera y termina con la locución «para llamar al pan pan y al vino vino».

1.6. ¿Cataluña o Catalunya?

1 En la lengua catalana no existe la ñ (eñe). Por eso, en catalán la comunidad se escribe Catalunya.

¿La ciudad catalana se llama Lérida o Leida? En la democracia el parlamento español ha decidido que el nombre oficial de la ciudad sea *Lleida*. Pero naturalmente el nombre castellano Lérida sigue existiendo y muchas personas lo usan. Lo mismo sucede con Gero-

5 na y *Girona*. (Es el pueblo el que usa las palabras y la política no puede impedir el uso de las que no le gusten. Así, el gobierno de Franco dio a la *Avenida / Avinguda Diagonal* de Barcelona el nombre de *Avenida del Generalísimo Franco*, pero muchos habitantes de la ciudad siguieron llamándola *Avenida / Avinguda Diagonal*.)

> 📖 **Notas**
> **impedir** - verhindern

2. El separatismo catalán: Explicaciones y política

2.1. Un breve repaso

1 Las razones que esgrime el Gobierno de la Generalidad (Generalitat), y los partidos que le dan soporte, para pretender la independencia son conocidas, pero no está de más dar un breve repaso a las mismas. En el trasfondo de todo, encontramos las viejas ideas del nacionalismo de siempre: la identidad colectiva de Cataluña –debida a sus hechos diferenciales

5 por razón de lengua, historia, cultura y derecho civil– la configura como una nación y, de acuerdo con el principio de las nacionalidades según el cual a toda nación le corresponde un Estado, Cataluña tiene derecho a separarse de España para constituirse su propio Estado.

> 📖 **Notas**
> **breve** - kurz; **el repaso** - Wiederholung; **la razón** - hier: Grund; *esgrimir* - anführen; *el soporte* - Unterstützung, Stütze; **pretender** - streben nach, beanspruchen; **no está de más** - es ist nicht überflüssig; **el repaso** - Wiederholung; **el trasfondo** - Hintergrund; **debido/a a** - aufgrund von; **los hechos diferenciales** - unterscheidende Tatsachen; **el derecho civil** - bürgerliches Recht; *configurar* - gestalten, formen; **de acuerdo con** - in Übereinstimmung mit; **según el/la cual** - gemäß dem/der; **corresponder** - hier: zustehen; **constituirse** - sich errichten

Podría argüirse con poderosos argumentos que el actual Estado de las autonomías protege

10 perfectamente estos hechos diferenciales que distinguen a Cataluña. Por un lado, la lengua catalana nunca ha tenido mayor desarrollo que en estos años de democracia: no sólo es oficial, sino que es ampliamente conocida y hablada. Por otro, en ningún momento de la historia el territorio de Cataluña se ha constituido como organización política independiente, a lo más disfrutaba de autonomía dentro de una entidad más amplia. Por último,

15 las competencias de la Generalitat en cultura y derecho civil –esta última interpretada con la máxima amplitud– permiten decir que ambas están más que garantizadas.

> 📖 **Notas**
> *argüir* - hier: argumentieren; **poderoso/a** - mächtig, (ge)wichtig; **proteger** - (be)schützen; **distinguir** - unterscheiden; **amplia(mente)** - hier: weit; *a lo más* - höchstens; **la entidad** - hier: Körperschaft, Vereinigung; **la competencia** - hier: Zuständigkeit; *con la máxima amplitud* - im weitesten Sinne; **ambos/as** - beide

Pero los nacionalistas, como ya hemos dicho, siempre aspiran a un Estado propio y consideran a la autonomía como un mero peldaño para acceder a él. A fines de los años setenta, ya en época democrática, los militantes de CiU coreaban en las manifestaciones a favor del

20 Estatuto de Autonomía el siguiente lema: «Avui paciència, demà indepèndencia». La paciencia –[es decir] la etapa autonómica [a partir de 1978/1979]– debía aprovecharse para edificar los cimientos del mañana, de la independencia. Con esta finalidad se crearon unas instituciones autonómicas lo más semejantes posibles a un Estado, e inmediatamente se aprovechó cualquier ocasión para subrayar su insuficiencia e, implícitamente, reclamar la
25 necesidad de un Estado propio . Ahí empezó el proceso que ahora está llegando a su punto culminante.

Francesc de Carreras, Cataluña: la espiral del silencio. El País, 30.12.201

📖 **Notas**

aspirar a - streben nach; *mero/a* - einfach, bloß; *el peldaño* - Stufe; **acceder a** - gelangen zu; **el militante** - aktives Mitglied; *corear* - einstimmen, mitsingen; **el lema** - Losung, Devise; *avui* - catal.: hoy; *demà* - catal.: mañana; **aprovechar** para - ausnutzen für; **edificar** - errichten; *el cimiento* - Fundament; **la finalidad** - Ziel, Absicht; **crear** - (er)schaffen; **lo más semejante posible** - möglichst ähnlich; **subrayar** - unterstreichen; *la insuficiencia* - unzureichende Beschaffenheit, Mangel, Unzulänglichkeit; **implícito/a** - (stillschweigend mit) einbegriffen; **reclamar** - verlangen, fordern; **el punto culminante** - Höhepunkt

▪ Vocabulario

1. **Haz tres oraciones con la locución** *no está/estaría de más + infinitivo.* **¿Qué cambia si usas la locución** *no está/estaría de más que...?*

2. **Combina un sustantivo y un adjetivo:**

momento - ocasión - la identidad - tener argumentos - ideas - la etapa - un Estado - el punto - las instituciones - hechos	culminante - diferenciales - en ningún - poderosos - aprovechar cualquier - son las viejas - autonómicas - propio - autonómica - colectiva

▪ Análisis

1. **El texto está dividido en tres partes. Pon un título a cada una.**

2. **¿Cuál te parece ser, en el primer párrafo, la palabra clave? Explícala con tus propios términos.**

3. **Expón cuando empezó en Cataluña, según este texto, el movimiento independentista.**

4. **Analiza los argumentos que opone el autor de este texto a las razones de los catalanistas.**

5. **Empieza una lista con los argumentos que tienen los separatistas para exigir la indepedencia. Encontrarás más en capítulos posteriores.**

◼ Ejercicio de mediación

Lee en una enciclopedia alemana la entrada *Ethnie* y presenta su contenido a tu curso.

◼ Comentario

1. Discute si está justificado que cada pueblo o etnia (Sprach- und Kulturgemeinschaft) que tiene una «identidad colectiva» debe tener un Estado propio.

2. Si opinas que en Alemania también existen diferentes etnias, da uno o dos ejemplos y justifica tu opinión.

3. Evalúa si se puede reconocer en este texto con qué lado simpatiza el autor: con el catalanista o con el «madrileño». Propón otro nombre u otros nombres para este segundo lado.

4. La explicación - la justificación - el argumento - la causa - la razón - el motivo. Intenta explicar las diferencias que existen entre estos términos y da algunos ejemplos de uso.

◼ Gramática

Transforma las paréntesis en perífrasis verbales:

1. (Poder; yo; condicional) (mencionar) poderosos argumentos. Pero no (querer) (hacer) lo. (Preferir) (callar).

2. El proceso (estar) (llegar) a su punto culminante.

3. Lo que (acabar de) (suceder) te (permitir) (irse) sin dar explicaciones.

4. No (deber; tú; condicional) (aprovechar) la debilidad de otros.

2.2. Dos preguntas conflictivas

1 A. El Gobierno de Cataluña ha fijado el 9 de noviembre de 2014 para la consulta sobre la independencia de Cataluña.

	Sí	No
1. ¿Quiere usted que Cataluña se convierta en un Estado?	☐	☐
2. En caso afirmativo, ¿Quiere que se convierta en un Estado independiente?	☐	☐

B. Un día después de anunciar dos preguntas y una fecha para la consulta soberanista de Cataluña, *Convergència i Unió* ya avisó de la posibilidad de que la votación no se

5 celebre y haya que optar por la alternativa de convocar unas elecciones autonómicas de carácter plebiscitario. «El pueblo tiene que decidir, y si no lo hace con una consulta, lo hará a través de las elecciones.»

C. «Haremos campaña por un triple sí», dijo el secretario general del partido [CiU] en funciones, Josep Rull. «Diremos sí a la consulta, sí a tener un Estado y sí a que este

10 Estado sea independiente», resumió, obviando las advertencias del Gobierno [central]. La vicepresidenta, Soraya Sáenz de Santamaría, aseveró que la consulta no cabe en el ordenamiento.

D. Esquerra, Iniciativa y la CUP optan por que la votación se haga, aunque sea ilegal.

El País, 14.12.2013 (los cuatro puntos)

> 📖 **Notas**
> **conflictivo/a** - konfliktgeladen, brisant; **fijar** - festlegen; **anunciar** - ankündigen; **avisar de algo** - aufmerksam machen auf; **la votación** - Abstimmung; **optar por** - sich entscheiden für; **convocar** - einberufen; **a través de** - (quer) durch, über; **la campaña** - hier: Wahlkampf; **triple** - dreifach; *en funciones* - stellvertretend; **resumir** - zusammenfassen; *obviar* - entgegentreten; *la advertencia* - Warnung, Bemerkung; *aseverar* - versichern, beteuern; **caber** - (hinein)passen; *el ordenamiento* - hier: geltendes Recht, Verfassung

■ **Comentario**

1. En un artículo que critica esta política se puede leer un comentario a estas dos preguntas. Repite y evalúa las críticas del Sr. Elorza.

«... el carácter tramposo de las preguntas hiladas: una de anzuelo en que cabe todo, y la segunda condicionada por el resultado de la anterior y sin alternativa a la independencia. Impresentable.»

(Antonio Elorza, El péndulo catalán. El País, 27.12.2013)

> 📖 **Notas**
> *tramposo/a* - tricksend, eine Falle stellend; *hilado/a* - miteinander verknüpft; *el anzuelo* - Köder, Angelhaken; **condicionado/a por** - bedingt durch; *impresentable* - (völlig) unmöglich

2. «Elecciones (autonómicas) de carácter plebiscitario»: Describe como debería ser la campaña electoral de tales elecciones.

3. Explica por qué podría ser que no se celebre la consulta.

4. Explica la diferencia entre una consulta y un referéndum y lo que podría suceder entre los dos pasos.

2.3. Diferencias de opiniones

A. *Unió rechaza una secesión sin acuerdo con el Gobierno de España*

Josep Antoni Duran, líder de *Unió Democràtica*, socio de *Convergència*, insistió ayer en la necesidad de no identificar la consulta soberanista en Cataluña con la independencia y avisó de que la secesión será imposible sin «acuerdo con España» y sin tener en cuenta a la *Unión Europea*. En su carta semanal publicada en la web dirigida a los militantes de su partido, el democristiano sostiene que la ciudadanía catalana no intenta imponer nada de forma «unilateral» al resto de España, porque el eventual referéndum, fijado para el próximo 9 de noviembre, será «consultativo y no vinculante». «Es muy importante no identificar consulta con independencia, y eso es lo que erróneamente hacen los dos grandes partidos españoles, PP y PSOE».

El País, 11.01.2014

📖 **Notas**

rechazar - ablehnen, zurückweisen; **el acuerdo** - Abkommen, Vereinbarung; **el líder** - Führer; **el socio** - hier: Partner; **insistir en** - bestehen auf; **avisar de** - aufmerksam machen auf, mahnen; **tener en cuenta** - berücksichtigen; **semanal** - wöchentlich; **publicar** - veröffentlichen; **dirigir a** - richten an; **el militante** - aktives Mitglied; **sostener** - hier: behaupten; **la ciudadanía** - Bürgerschaft; **intentar** - versuchen; **imponer** - aufzwingen, auferlegen; *unilateral* - einseitig; **fijar** - festlegen; **consultativo/a** - befragend; *vinculante* - (ver)bindend, verbindlich; **erróneamente** - irrtümlicherweise

🟧 **Análisis**

1. Analiza la posición del señor Duran. (Puedes servirte del siguiente vocabulario: moderado, radical, frenar, acelerar, buscar una salida, pasarse de la raya - zu weit gehen, ...) Observa también las palabras que emplea.

2. El texto se dirige a los militantes de su partido. Examina si también se dirige a otros grupos o personas.

B. **Un consejero de Mas llama a la calma porque Cataluña «tiene mucho que perder»**

En *Convergència Democràtica* hay voces que de forma discreta pero constante reclaman moderación para evitar males mayores. El abanderado de este reducido grupo de dirigentes nacionalistas es Santi Vila, consejero de *Territorio* de la Generalitat y miembro de la dirección de *Convergència*. Este dirigente ha lanzado esta semana un llamamiento a «serenarse» porque entiende que Cataluña tiene mucho que perder si va «a por todas».

Vila aseguró que en la sociedad catalana todos, desde los ciudadanos hasta las empresas pasando por los partidos políticos, deben «serenarse». «Tengo la convicción de que sólo puede ir a por todas aquel que no tiene nada que perder. Y como país, como catalanes, tenemos mucho que perder.» Además de esto, Vila insistió en que a Cataluña no le ha ido mal los últimos años. «Los últimos 30 años han sido los mejores de la historia de Cataluña y de España», certificó. También tuvo guiños hacia el conjunto de España al insistir en que siempre vivirá «como propios» los progresos y fracasos de España.

El País, 5.10.2013

📖 **Notas**

el consejero - hier: Minister; **la calma** - Ruhe; **constante** - beständig; **reclamar** - pedir; *la moderación* - Mäßigung; **evitar** - vermeiden; **el mal mayor** - größeres Übel; *el abanderado* - Fahnenträger, Vorkämpfer; **reducido/a** - pequeño/a; **el territorio** - Gebiet; **el miembro** - Mitglied; *lanzar un llamamiento* - aufrufen, appellieren; *serenarse* - sich beruhigen; *ir a por todas* - alles wollen; **asegurar** - versichern; **la convicción** - Überzeugung; **insistir en** - bestehen auf; *certificar* - bestätigen; *tener/hacer guiños* - hier: hinweisen auf; **el conjunto** - Gesamtheit; **el progreso** - Fortschritt; **el fracaso** - Scheitern, Misserfolg

---

Los dos ejercicios que siguen se refieren a los textos A y B.

■ **Vocabulario**

1. El mal menor, el mal mayor. Haz dos oraciones con cada expresión.

2. Explica los siguientes términos con tus propias palabras: serenarse, hacer algo de forma discreta, imponer algo a alguien, tener la convicción de algo.

3. Reconstruye las expresiones. (Coge una parte de cada grupo):

hay que tener - siempre he tenido - no tengo - intenta evitar - tenemos - me dirijo a	males mayores - nada que perder - mucho que perder - todos ustedes - en cuenta - la convicción de que

■ Análisis

¿Son correctas o incorrectas las siguientes declaraciones? («Sí y no» también puede ser una respuesta.)

1. El Sr. Vila está en la oposición parlamentaria.

2. El Sr. Duran se opone a la consulta.

3. Santi Vila representa a una mayoría.

4. Si alguien preguntase fuera de España al Sr. Vila de dónde es, diría que es de España.

5. Si alguien preguntase en el extranjero al Sr. Duran de dónde es, diría que es de Cataluña.

6. Duran opina que el PP y el PSOE no comprenden lo que está sucediendo en Cataluña.

7. Duran tiene la convicción de que que la consulta podría tener un resultado negativo para Cataluña.

8. Santi Vila dice que lo mejor que se podría hacer es dejar las cosas como están.

Santi Vila, Consejero de Territorio
y Sostenibilidad (desde 2012)

Palacio de la Generalidad / Palau de la Generalitat

Josep Antoni Duran, portavoz de CiU
en las Cortes (desde 2004)

2.4. «Genocidio cultural»

1 «Genocidio cultural» fue la expresión que utilizó el profesor de Historia en la Universidad de Barcelona Jordi Casasas en el simposio *España contra Cataluña*, organizado por el departamento de Presidencia de la Generalitat. Casasas recorrió 300 años en Cataluña para decir que al principio, se produjo un genocidio cultural; más tarde, una «represión a 5 base de terror»; después, una tercera etapa «genocida», entre 1939 y 1945 con una Iglesia, afirmó, que colaboró de forma entusiasta en el proceso «castellanizador».

La segunda jornada del simposio se centró en la persecución del catalán.

(…) «En 1996, cuando José María Aznar nombró ministra de *Educación y Cultura* a Esperanza Aguirre», dijo Salomó Marqués, de la Universidad de Gerona, «comenzó un 10 proceso de involución que dura hasta hoy, con el actual titular de la cartera, José Ignacio Wert». Marqués describió los intentos de «imponer» el castellano como lengua vehicular en la enseñanza.

El País, 14.12.2013

📖 **Notas**

el genocidio - Völkermord; *el simposio* - wissenschaftl. Tagung; *el departamento* - hier: etwa Abteilung, Behörde; **recorrer** - zurücklegen, durcheilen, überfliegen; **la represión** - Unterdrückung; **a base de** - mittels, auf Grund von; **afirmar** - behaupten, bestätigen; **colaborar** - mitwirken; *entusiasta* - begeistert; *castellanizar* - hier: kastilisch machen; **la jornada** - Arbeitstag; *centrarse en* - sich richten/konzentrieren auf; **la persecución** - Verfolgung; **nombrar** - ernennen; *la involución* - Rückfall, Rückkehr; *el titular de la cartera* - el ministro; **la lengua vehicular** - hier: Unterrichtssprache

■ Análisis

1. Opina si se puede deducir de este texto que la Generalitat procede de forma polémica y quiere levantar frentes. Analiza el contenido y la terminología.

2. Después de tratar en clase el texto 2.1. has empezado una lista con los argumentos de los partidarios de la secesión. ¿Encuentras más argumentos en este texto?

■ Comentario

Explica lo que sugiere (sugerir - nahelegen) el título del simposio «España contra Cataluña».

■ Presentación

Imagina que en Alemania el castellano es lengua vehicular en un instituto. ¿Cómo se podría llevar a cabo (durchführen) un propósito como éste?

■ Ejercicio de mediación

1. ¿Qué sucedió en 1714? Infórmate sobre la *Guerra de Sucesión española* en alemán y explica a tu curso lo que has leído. No te pierdas en los artículos de Wikipedia, son demasiado largos. Es suficiente leer el párrafo correspondiente en el artículo «Katalonien» en la Wikipedia alemana y http://www.lsg.musin.de/geschichte/!datengesch/16-17jh/abs-span-erb-krieg.htm

2. En octubre de 2012 el actual ministro de *Educación, Cultura y Deporte*, José Ignacio Wert, habló en un discurso de «españolizar a los alumnos catalanes». Lee en la red el siguiente artículo y presenta su contenido a tu curso.

    http://sociedad.elpais.com/sociedad/2012/10/10/actualidad/1349859896_604912.html

■ Gramática

utilizó - recorrió - se produjo - afirmó - colaboró - se centró en - comenzó - describió

Di rápidamente el imperfecto y el futuro simple de estas formas verbales.

Centre d'Història Contemporània de Catalunya
Departament de la Presidència. Generalitat de Catalunya

Societat Catalana d'Estudis Històrics
Institut d'Estudis Catalans

SIMPOSI
Espanya contra Catalunya:
una mirada històrica
(1714-2014)

12,13 i 14 de desembre de 2013

Programa
- Lliço inaugural: «Espanya i Catalunya, tres-cents anys de conflicte politic»
- La repressió institucional, política i administrativa
- La repressió econòmica i social
- La repressió cultural i lingüística
- L'exili

Extracto del anuncio en la Red del simposio «España contra Cataluña»
http://chcc.gencat.cat/web/.content/0-web_aec_chcc/chcc/espanya_contra_catalunya.pdf

2.5. Artur Mas encuentra dificultades

1 En una entrevista al diario italiano *La Republicca* Artur Mas ha descrito la situación actual de sus planes de secesión:
Artur Mas admite que Cataluña quedaría fuera de la UE en caso de secesión, una posibilidad que había negado hasta ahora. «Sería una lástima, porque nosotros queremos seguir
5 en la UE. De todos modos, solicitaremos un reingreso. Nosotros queremos estar en el euro, en la Unión, en Schengen y en la OTAN», aclaró.

El presidente catalán confiaba también en la UE como garante de que el referéndum se celebrara en Cataluña, pero en la entrevista, celebrada el día de Nochebuena, reconoció que su objetivo es difícil. «Las presiones son fuertes. Los Estados soberanos no quieren
10 problemas si los pueden evitar.»

Otro escollo en el proceso soberanista que reconoce Mas es el empresariado. La patronal catalana está en contra de la consulta y aboga por una solución dialogada. Preguntado sobre el sector bancario, Mas fue claro: «A los bancos no les interesa la política, lo que buscan es la solvencia. En el mundo de los negocios no existen los ideales, existen los intereses»,
15 lamenta.

Mas convocará formalmente en septiembre la consulta, pero sobre su mesa ya está el plan B para cuando el Gobierno central impugne el referéndum : el líder catalán verbaliza todavía la confianza en que la votación se celebre - «el referéndum se hará y los catalanes ganarán. Veréis» - pero plantea abiertamente la alternativa. «Iremos a elecciones antici-
20 padas», explicó Mas.

Para justificar la secesión, Mas combinó los argumentos económicos con la necesidad de «respeto» de los catalanes. «Vivimos en condiciones de inquilinos de un casero hostil (el Estado español). Simplemente no aceptamos ya estas condiciones, son injustas», [dijo].

El País, 28.12.2013

(Artur Mas en una entrevista al diario italiano «La Republicca»)

📖 **Notas**

la entrevista - Interview; **describir** - darstellen, beschreiben; **admitir** - zugeben; **es una lástima** - es ist schade; **solicitar** - beantragen; *el reingreso* - Wiedereintritt; **aclarar** - hier: erklären, erläutern; **confiar en** - vertrauen; *el garante* - Bürge; **la Nochebuena** - Heiligabend; **reconocer** - zugeben; **el objetivo** - Ziel; **la presión** - Druck; **evitar** - vermeiden; *el escollo* - Klippe, Gefahr, Stolperstein; *el empresariado* - Unternehmerschaft; **la patronal** - die Arbeitgeber; *abogar por* - sich einsetzen für; *la solvencia* - Zahlungsfähigkeit; **el negocio** - Geschäft; **lamentar** - bedauern; **convocar** - einberufen; **para cuando** - wenn; *impugnar* - anfechten; **verbalizar** - zum Ausdruck bringen; **la confianza** - Vertrauen; **ganar** - gewinnen; **plantear** - hier: angehen, entwerfen; **las elecciones anticipadas** - vorgezogene Wahlen; **justificar** - rechtfertigen; **combinar** - hier: verbinden; *el inquilino* - Mieter; *el casero* - Hausbesitzer, Vermieter; *hostil* - feindselig; **injusto/a** - ungerecht

■ Vocabulario

Has hecho una lectura intensiva de este texto. Intenta traducir rápidamente las siguientes expresiones al español sin buscarlas en el texto.

im Falle der Abspaltung - ein schwieriges Ziel - bis jetzt - Bedingungen annehmen - die derzeitige Lage - gegen etwas sein - es ist schade - eine Volksabstimmung abhalten - wir wollen weiterhin in der EU sein - auf alle Fälle

■ Análisis

1. Busca cuántos escollos menciona Artur Mas en esta entrevista.

2. Analiza el carácter de la argumentación de Artur Mas. Examina el contenido y los términos que usa. (Puedes servirte del siguiente vocabulario: moderado/a, objetivo/a, imparcial, adecuado/a, neutral, parcial, polémico/a, agresivo, improcedente, subjetivo/a, etc.)

3. Recuerda lo que has leído en el texto 2.1. (*Un breve repaso*). Di si encuentras contradicciones entre los dos textos.

4. Analiza cómo se ve Mas a sí mismo.

5. ¿Has encontrado algún argumento nuevo para tu lista?

■ Comentario

1. Explica por qué motivos los bancos podrían oponerse a la consulta y a la independencia.

2. ¿Opinas que Mas conoce estos motivos?

3. «... los catalanes ganarán. Veréis.» Interpreta lo que son (o podrían ser) para Artur Mas, según esta formulación, los habitantes de Cataluña que se oponen a la independencia.

■ Descripción

Seguro que ya has analizado alguna vez fotografías en clase. Describe cómo se presenta al político catalán en esta fotografía.

Artur Mas, Presidente de la Generalidad (desde 2010)

2.6. La señora Merkel no hace comentarios

1   Los Gobiernos de Alemania y de Reino Unido confirmaron ayer a *El País* que han recibido la carta en la que el Presidente de la Generalitat, Artur Mas, les solicitaba apoyo para llevar a cabo su referéndum independentista en Cataluña.

Círculos cercanos a Merkel no pudieron precisar si ésta había respondido a la carta, 5   pero dijeron que era improbable que sea respondida o comentada. «Normalmente, la canciller no hace comentarios sobre temas de política interior de otros países, y éste es un asunto de política interna de España.»

El País, 04.01.2014

📖 **Notas**

confirmar - bestätigen; *solicitar* - pedir; **llevar a cabo** - durchführen; **los círculos cercanos** - nahestehende Kreise; **precisar** - hier: genau angeben; **improbable** - unwahrscheinlich; **el asunto** - Angelegenheit

---

■ Comprensión

1.   Repite si la señora Merkel ha contestado a la carta de Artur Mas o no ha contestado?

2.   ¿El texto nos dice algo sobre los motivos de su reacción?

■ Búsqueda

El artículo en el que se encuentra este texto es de principios de 2014. Infórmate en la red si entretanto la canciller ha contestado a la carta o si la ha comentado.

■ Comentario

El Sr. Mas solicitó apoyo a los gobiernos europeos. Opina qué clase de apoyo podría haber esperado.

■ Taller de creación

Ponte en el lugar de la canciller alemana y contesta a la carta de Mas.

■ Gramática

Traduce: La señora Merkel piensa:
1.   Wenn ich es vermeiden kann, werde ich Herrn Mas nicht antworten.
2.   Wenn ich es vermeiden könnte, würde ich Herrn Mas nicht antworten.
3.   Wenn ich es hätte vermeiden können, hätte ich Herrn Mas nicht geantwortet.
4.   Wenn ich ihm schreiben würde, hätte ich einen Konflikt mit der spanischen Regierung.
5.   Wenn mir dieser Herr nicht geschrieben hätte, würde ich mich wohler fühlen.
6.   Wenn ich katalanisch könnte, würde ich ihm antworten. Aber da ich nicht katalanisch kann, werde ich ihm nicht antworten.

2.7. Flashes: ¿Política? - ¿Provocación? - ¿Mala educación?

Ha sucedido más de una vez que en Cataluña se quemaron fotografías del Rey y banderas españolas.

El gobierno central está presente en todas las comunidades con una *Delegación de Gobierno*. Durante una manifestación, independentistas sustituyeron en el edificio este nombre por «Embajada de España».

En un reciente encuentro en Barcelona entre políticos y empresarios, un político de ERC se negó a aceptar la mano que el entonces Príncipe Felipe le tendía al saludarle.

En la sala en la que Artur Mas tomó posesión de su cargo en 2012 había un cuadro del Rey Juan Carlos. Mas mandó cubrirlo con una tela negra.

Artur Mas tachó de «error inmenso» utilizar el marco legal para «cortar las alas a la evolución natural de las sociedades», y por contra un acierto lo contrario. «Eso sería política de la buena», remachó. (*El País, 26.10.2013*)

Tras un largo encuentro con Rajoy en Madrid, Artur Mas se negó a aparecer junto a él ante los periodistas. Se dirigió directamente a la Casa de Cataluña, donde informó en catalán sobre su conversación con Rajoy.

Madrid, 11.09.2013. Un grupo de unas 15 personas de *Falange* y de *Alianza Nacional* irrumpió con banderas españolas en la librería catalana *Blanquerna*, propiedad de la Generalitat, donde había unos 60 asistentes. Tras romper la entrada de la librería, bajaron al salón de actos al grito de «No nos engañan. Cataluña es España» y agredieron a varios de los presentes. Los extremistas derribaron varias librerías, lanzaron gas lacrimógeno y arrancaron el atril y la senyera. (*El País, 9.12.2013*)

📖 **Notas**

quemar - verbrennen; *la delegación* - Abordnung, Amt, Niederlassung; **negarse** - sich weigern; *tender* - hier: reichen, hinstrecken; **la sala** - Saal; *tomar posesión de un cargo* - ein Amt antreten; **cubrir** - bedecken; *la tela* - Tuch; *tachar* - hier: bezeichnen, abstempeln; **inmenso/a** - riesig; **el marco** - Rahmen; *cortar las alas* - die Flügel stutzen; **la evolución** - Entwicklung; *por contra* - im Gegensatz dazu; *el acierto* – Erfolg, Geschick; **lo contrario** - Gegenteil; *remachar* - betonen, mit Nachdruck sagen; *Falange y Alianza Nacional* - organizaciones de la derecha; *irrumpir* - (gewaltsam) eindringen; **la bandera** - Fahne; **la librería** - Buchladen; Bücherregal; **el asistente** - hier: Anwesender; **agredir** - angreifen; *derribar* - umwerfen; **lanzar** - werfen; *el gas lacrimógeno* - Tränengas; *arrancar* - herausreißen; *el atril* - Lesepult; **la senyera** - katal. Fahne

■ Comprensión

Repite con tus propias palabras el contenido de cada uno de estos siete textos.

■ Comentario

Comenta cada uno de estos breves textos. ¿Qué comentarios te vienen a la cabeza? (El título quiere proponerte algunos.)

■ Gramática

¿Qué explicación corresponde a qué oración condicional? (Una oración condicional contiene una condición que se cumple (o se puede cumplir) o no. En estas oraciones la condición es la provocación por parte de la ultraderecha.)

1. Si la ultraderecha provoca, el separatismo catalán tendrá más argumentos.	a) probablemente la condición no se cumplirá
2. Si la ultraderecha provocara, el separatismo catalán tendría más argumentos.	b) la condición se cumplió (hace poco)
3. Si la ultraderecha hubiese provocado, el separatismo catalán habría tenido más argumentos.	c) es posible que la condición no se cumpla
4. Si la ultraderecha no hubiese provocado, el separatismo catalán tendría ahora menos argumentos.	d) la condición se cumplió
5. Si la ultraderecha no hubiese provocado, el separatismo catalán habría tenido menos argumentos.	e) la condición se cumple más de una vez
6. Si la ultraderecha no provoca, el separatismo catalán tendrá menos argumentos.	f) puede que se cumpla y puede que no se cumpla
7. Si la ultraderecha no provocara, el separatismo catalán tendría menos argumentos.	g) la condición no se cumplió

■ Descripción
1.   Describe lo que muestra esta fotografía.
2.   ¿Qué flashes podría ilustrar la fotografía?
3.   Opina sobre su contenido.

2.8. Artur Mas pide el ingreso de Cataluña en la *Francofonía*

1   El presidente de la Generalitat, Artur Mas, se ha dirigido al secretario general de la *Organización Internacional de la Francofonía* (OIF), el senegalés Abdou Diouf, para solicitar formalmente el ingreso de Cataluña en la comunidad de los países de lengua francesa con el estatuto de «invitado especial». La misiva ensalza los lazos históricos de Cataluña con

5   Francia y con los países de habla francesa.

No todos los países que forman parte de la OIF son de lengua francesa, especialmente los observadores (Austria, Guinea Ecuatorial o Uruguay), aunque todos deben acreditar el fomento del francés en su sistema educativo. También hay socios que no son Estados, como Quebec o la Federación de Valonia-Bruselas, aunque estos sí que tienen el francés

10 como lengua propia.

El País, 24/05/2014

📖 **Notas**

el ingreso - Eintritt; **dirigirse a** - sich wenden an; *solicitar* - beantragen, bitten; *el estatuto* - hier: Satzung; *la misiva* - Schreiben; *ensalzar* - preisen, rühmen; *el lazo* - Band; *acreditar* - bestätigen, bekräftigen; *el fomento* - Förderung

---

🟧 **Comprensión**

Repite con tus propias palabras qué condiciones debe cumplir un país o una región para ser socio u observador de la OIF.

🟧 **Comentario**

1. Busca explicaciones, por qué Cataluña podría haber solicitado entrar en la OIF.

2. Opina si Cataluña cumple las condiciones para ser miembro u observador de la OIF. (Según la Generalitat, un 6% de los alumnos estudian francés.)

3. Escenarios de una Cataluña independiente

En 2013, la Generalidad de Cataluña creó un órgano adscrito al Departamento de la Presidencia, el *Consejo Asesor para la Transición Nacional*. Debe asesorar en el proceso de independencia de Cataluña y realizar el referéndum previsto para el 9.11.2014. Elabora informes para dibujar el escenario de una hipotética Cataluña independiente.

www.es.wikipedia.org/wiki/Consejo_Asesor_para_la_Transición_Nacional

---

📖 **Notas**

el escenario - hier: Situation, Szenarium; *adscrito/a a* - zugeteilt, zugeordnet; *departamento* - Büro, Abteilung, Fachbereich; *asesor/ora* - beratend; **la transición** - Übergang; **previsto/a para** - vorgesehen für; **elaborar** - erarbeiten - **el informe** - Bericht; **dibujar** - hier: skizzieren, ausmalen

---

3.1. Independencia sí, pero sólo un poco

1 Un informe del *Consejo Asesor* dice que Cataluña, en caso de secesión, deberá buscar formas de aliarse con España. El objetivo es evitar la posible debilidad de una Cataluña independiente. «El Estado independiente no tiene como finalidad romper todas la relaciones con España. La intención es que las relaciones sean más sólidas que las actuales, desde un
5 plano de igualdad.»

El País, 21.12.2013

📖 **Notas**

aliarse - sich verbünden; **el objetivo** - Ziel; **evitar** - vermeiden; **la debilidad** - Schwäche; *la finalidad* - Ziel, Absicht; **la relación** - Beziehung; **la intención** - Absicht, Vorhaben, Plan; **sólido/a** - fest, solide; *el plano* - Ebene; **la igualdad** - Gleichheit

---

3.2. ¿Y qué sucede con el Barça?

Según un informe del *Consejo Asesor*, el Barça y el Espanyol jugarán, si así lo deciden los clubes, en la liga española.

Cataluña podría participar sola en los Juegos Olímpicos y en un mundial de fútbol.

El País, 21.12.2013

3.3. Freundschaftliche Scheidung oder Kollisionskurs

1 In einem **Szenarium der Zusammenarbeit**, in der keine Seite das Ziel verfolgt, die andere zu schädigen, dürfte die Möglichkeit einer freundschaftlichen Scheidung mit geringen Kosten auf beiden Seiten kein Hirngespinst sein. Abgesehen von den juristischen Formalitäten sollte nichts die vollständige Fortdauer der derzeitigen Rahmenbedingun-

5 gen der finanziellen und wirtschaftlichen Beziehungen und der damit verbundenen Rechte und Pflichten behindern. Andererseits ist eine unnachgiebige Haltung von Seiten des spanischen Staates gegenüber der vollendeten Tatsache eines unabhängigen Kataloniens schwer vorstellbar, da dies für Spanien hohe wirtschaftliche Kosten mit sich brächte und keinen Vorteil, außer vielleicht der (möglichen) Befriedigung, Katalonien und seine Bür-

10 ger zu bestrafen, weil sie sich für einen anderen politischen Rahmen als den z.Z. bestehenden entschieden haben. Unter anderem ist davon auszugehen, dass eine feindliche Haltung jegliche gutwillige Verhandlung über die Verteilung der Schulden, die das spanische Königreich eingegangen ist, unmöglich machen würde.

Ein **Szenarium der Konfrontation** nach der Entscheidung des katalanischen Vol-

15 kes, einen eigenen Staat zu errichten, hätte für Spanien höchstwahrscheinlich negative Folgen. Daher scheint der derzeitige einschüchternde Angriff der spanischen Regierung unglaubwürdig zu sein, da seine einzige Erklärung der Wille ist, den Wunsch der großen Mehrheit der Katalanen zu brechen, selbst über ihre Zukunft frei zu entscheiden.

Jordi Galí, Cataluña: cooperación (divorcio amistoso) o confrontación
El País, 12.10.2013

▪ Vocabulario

A continuación encuentras diez expresiones del texto original español. ¿A qué pasajes del texto alemán corresponden? (texto 3.3.)

tener como objetivo - entre otras cuestiones - elegir un marco político distinto - el fait accompli - siendo su única explicación - más allá de las formalidades jurídicas - construir un Estado propio - la satisfacción de castigar a Cataluña - una actitud hostil - nada debería poder impedir

▪ Comentario

1. Comenta la frase «desde un plano de igualdad» (texto 3.1.).

2. «... si así lo deciden los clubes» (texto 3.2.). ¿El asunto sería tan sencillo o piensas que en la decisión también deberían intervenir otras instituciones?

3. ¿Te parece justificado el título «Independencia sí, pero sólo un poco»? (texto 3.1.)

■ Comprensión y análisis (texto 3.3.)

1. Presenta en pocas palabras los dos escenarios mencionados.

2. Examina si el señor Galí cree en un «divorcio amistoso».

3. Expón las consecuencias que tendría para España oponerse a un «divorcio amisto-so».

4. Comenta la forma como Jordi Galí menciona estas consecuencias.

5. Di tu opinión sobre la elección de la expresión «divorcio amistoso».

6. Presenta como el autor interpreta la actitud actual del Gobierno central.

7. Después de lo que ya has tratado en clase sobre este tema, ¿piensas que también hay otras explicaciones para la actitud de Madrid además de la que da el Sr. Galí al final del texto?

8. No sólo Madrid, también Cataluña puede ir por un camino de «divorcio amistoso» o por un camino de «confrontación». ¿En cuál de los dos caminos situarías este texto?

■ Taller de creación

1. Imagínate que eres el presidente de un land alemán y quieres salir de la República e independizarte. Busca argumentos.

2. Imagínate que eres el/la canciller de la RFA y debes enfrentarte a esta iniciativa. Prepara un discurso en el que naturalmente te opones. Para ello, busca argumentos políticos, económicos, culturales, históricos, jurídicos, etc.

4. Madrid entre la espada y la pared

4.1. «Su silencio estimula el radicalismo»

1 El portavoz de CiU en el Congreso, Josep Antoni Duran Lleida, ha pedido al presidente del Gobierno, Mariano Rajoy, que se siente a dialogar con Cataluña si no quiere «una España amputada», ya que si no se llega a «una solución política», una «mayoría» acabará declarando de forma unilateral la independencia.

5 «Apueste por el diálogo. Unos y otros tenemos que dialogar sin líneas rojas. Estamos a disposición del diálogo, aunque sé que eso implica ponerse en la posición del otro», ha asegurado Duran Lleida durante su intervención en el *Debate sobre el estado de la Nación* [25/26.02.2014].

De este modo, ha instado al Gobierno a dejar de resguardarse en el «no» y a fijar una 10 posición y plantear su «propuesta para Cataluña», ya que su «silencio», más que una respuesta es más bien «un estímulo para radicalizar posiciones».

«Les toca plantear su propuesta para que la ciudadanía de Cataluña pueda volver a confiar. No basta con decir que quieren hablar con la Constitución por delante. No es suficiente con decir que no a lo que se propone», ha insistido, para preguntar en tono irónico si 15 lo que espera al no negociar es «una rendición incondicional».

En este sentido, ha alertado de que si el Gobierno no afronta la cuestión catalana, que es «un problema español», se producirá una declaración unilateral de independencia. «No es una amenaza por mi parte, es una modesta previsión. Es más, a mí no me gustaría», ha añadido.

http://www.elmundo.es/espana/2014/02/25/530cd7f422601d00468b458c.html

---

📖 **Notas**

entre la espada y la pared - mit dem Rücken zur Wand (*la espada* - Schwert); **el silencio** - Schweigen; **estimular** - anregen, reizen, ermuntern; *el portavoz* - Sprecher; **unilateral** - einseitig; *apostar por* - setzen auf; **estar a disposición de** - zur Verfügung stehen, bereit sein zu; *implicar* - hier: bedeuten, beinhalten; **la posición** - Lage, Stellung; **asegurar** - versichern; **la intervención** - Eingreifen, Teilnahme; *instar* - drängen, inständig bitten; *resguardarse* - sich schützen; **fijar** - festlegen; **plantear** - hier: entwerfen, formulieren; **la propuesta** - Vorschlag; **es más bien** – es ist eher; **tocar** - hier: an der Reihe sein; **la ciudadanía** - Bürgerschaft; **confiar** - vertrauen; **es suficiente** - es reicht, es genügt; **proponer** - vorschlagen; **insistir** - drängen; *negociar* - verhandeln; *la rendición incondicional* - bedingungslose Aufgabe; *alertar* - warnen; *afrontar* - in Angriff nehmen; **la cuestión** - hier: Problem; *la amenaza* - Drohung; *modesto/a* - bescheiden; *la previsión* - Vorhersage; **añadir** - hinzufügen

Comprensión y análisis

1. Examina si Duran Lleida es partidario de la consulta o si prefiere que no se haga.

2. Expón qué reproches le hace Duran Lleida al Gobierno central.

3. Juzga sobre los argumentos de Duran Lleida y sobre el vocabulario que escoge.

Vocabulario

Traduce:
1. Duran Lleida dice que el Gobierno debe *plantear* su propuesta para Cataluña.
2. Este asunto *está* mal *planteado* desde el principio.
3. No te quejes porque fuiste tú el que *planteó* esta discusión.
4. *Me planteo* mudarme a otra ciudad.
5. Con la defensiva que *ha planteado* el jugador de ajedrez, no puede perder.
6. Gustavo *se está planteando* si Alicia todavía le quiere.
7. De momento no te voy a responder. *Me* tengo que *plantear* lo que me acabas de decir.

Gramática

Reconstruye las perífrasis verbales:

una mayoría acabará	a confiar en el gobierno central
la ciudadanía catalana debe volver	que dialogar
deje	plantear una propuesta
usted debe comprender que tenemos	declarando la independencia
les guste o no les guste, les toca	de resguardarse en su negativa

Haz con cada una de las perífrasis verbales una oración.

4.2. «Diálogo sí, adhesión obligada, no»

1 El presidente del Gobierno, Mariano Rajoy, ha dejado claro que no va a aceptar ningún tipo de negociación sobre la consulta soberanista, pues ni quiere hacerlo ni puede autorizarla, porque la soberanía nacional reside en todo el pueblo español, no sólo en el catalán. «Una consulta independentista no se puede celebrar, ni en Cataluña, ni en ningún lugar

5 de España.»

Rajoy ha empezado por asegurar que Cataluña está «a la cabeza» de la inversión del Estado en infraestructuras y que desde 1996 ha visto como todas sus capitales se conectaban en alta velocidad, se construía una nueva terminal en el aeropuerto del Prat y se potenciaban [otras] grandes obras. «Comprendo que le parezca poco, pero creo que hay que

10 ser equitativo, justo y equilibrado a la hora de juzgar a los demás.» (…) «Y voy a seguir haciendo las cosas para que Cataluña vaya bien. Los catalanes merecen un gobierno que resuelva bien sus problemas y que no le eche la culpa de sus problemas a los demás.»

A su juicio, no se puede plantear el diálogo como algo «unilateral de adhesión obligada». «Jugar con el destino de los ciudadanos es algo muy serio y yo he querido dialogar, pero lo

15 que se ha puesto es un contrato de adhesión que no puedo aceptar de ninguna manera», ha remarcado.

Rajoy ha concluido insistiendo en que España es un Estado de Derecho, donde «quien gobierna es la ley», y [ha] reiterando que los españoles «no han conocido otra condición que la unidad y no conviene quebrarla».

http://www.elmundo.es/espana/2014/02/25/530cd7f422601d00468b458c.html

---

📖 Notas

la adhesión - hier: Zustimmung, Beitritt; **la negociación** - Verhandlung; **autorizar** - genehmigen; **asegurar** - versichern; **la capital** - hier: Provinzhauptstadt; *conectarse en alta velocidad* - an den Hochgeschwindigkeitszug angeschlossen werden; **el aeropuerto del Prat** - Flughafen in Barcelona; *potenciar* - ausbauen, verbessern; **parecer** - scheinen; *equitativo/a* - gerecht; *equilibrado/a* - ausgeglichen; **juzgar** - (be)urteilen; **merecer** - verdienen; **resolver** - lösen; **echar la culpa** - die Schuld geben; **a mi juicio** - meines Erachtens; **el destino** - Schicksal; **el ciudadano** - Bürger; **el contrato** - Vertrag; *remarcar* - hervorheben, betonen; *concluir* - hier: enden, schließen; **insistir en** - bestehen, beharren; **gobernar** - regieren; *reiterar* - wiederholen; **la condición** - hier: Zustand, Situation; *convenir* - hier: angebracht sein; *quebrar* - brechen

---

■ Comprensión y análisis

1. Repite en qué ocasión y cuándo se pronunciaron los discursos presentados en los textos 4.1. y 4.2.

2. Examina qué le reprocha Rajoy al Gobierno catalán.

3. Explica con qué argumentos se opone Rajoy a la consulta independentista.

4. Examina si se encuentran en este texto las siguientes declaraciones:
   a. España ha sido una unidad en toda su historia.
   b. Rajoy dice que el Gobierno catalán no quiere hablar de igual a igual.
   c. Rajoy amenaza con castigar a Cataluña por su política.

d. Cataluña no tiene motivos de queja.

e. Nada es eterno en el mundo de la política.

f. Rajoy opina que el Gobierno catalán está jugando un juego peligroso.

g. Rajoy reprocha a Cataluña no portarse de forma solidaria con las otras autonomías.

h. Caso de celebrarse una consulta sobre la independencia de Cataluña, esto debería hacerse en toda España.

■ Comentario
Discute sobre la relación que existe entre la soberanía nacional y el deseo de autodeterminación de una comunidad.

■ Vocabulario
Rehaz las seis expresiones:

un diálogo	se celebra	en	el tren de alta velocidad
Cataluña está	juzgar	a	dad
una consulta	están conectadas	de	todo el pueblo
la soberanía nacional	hay que plantearlo	de	los demás
a la hora de	reside	con	la inversión
las cuatro capitales de provincia	a la cabeza	-	buena manera
			-

■ Ejercicio de mediación
¿España ha sido durante toda su historia una unidad o no? Infórmate en la red española (sitios «España», «Cataluña», «Corona de Aragón», etc.) y explica a tu curso lo que has encontrado.

■ Descripción
¿Piensas que se pueden reconocer sentimientos o pensamientos en las dos caras?

Rajoy y Duran Lleida durante el Debate sobre el estado de la Nación

4.3. Rubalcaba pide el diálogo

1 • El secretario general del PSOE, Alfredo Pérez Rubalcaba, pide dialogar sobre Catalunya con «proyectos encima de la mesa». El líder del PSOE cree que hay que «poner al día nuestra Constitución para mantener la unidad de España».

• La independencia de Cataluña es algo que «no puede pasar».

5 • Rubalcaba ha insistido en que existe un problema que es preciso resolver con una reforma constitucional «para que Catalunya se sienta mejor representada».

• Esta reforma debería recoger «singularidades» de Catalunya, como las «consecuencias culturales y educativas de su lengua propia, sus derechos históricos, su derecho civil propio y las particularidades de sus instituciones».

10 • Su propuesta de reforma constitucional pasaría también por incluir la sanidad como derecho y reformar el sistema electoral.

• Otro de los elementos federales que habría que incorporar al texto constitucional sería, en su oponión, una reforma del Senado para que sea una cámara representativa de los territorios.

15 • Rubalcaba ha subrayado que el derecho de autodeterminación «no cabe en la Constitución» tal como está «en este momento» y además ha dejado claro que él no lo introduciría «en ninguna constitución futura».

• Rubalcaba dijo que en una constitución futura también deberían figurar «singularidades» de otras comunidades.

http://www.lavanguardia.com/politica/20130924/

54387953620/rubalcaba-dialogar-catalunya-proyectos-encima-mesa.html

---

📖 Notas

dialogar - miteinander sprechen; **el proyecto** - Plan, Projekt; **poner al día** - aktualisieren, auf den neuesten Stand bringen; **mantener** - erhalten; **pasar** - hier: geschehen; **insistir en** - bestehen auf; **es preciso** - es ist nötig; **resolver** - lösen; **representar** - vertreten; *recoger* - hier: aufnehmen; *la singularidad* - Einzigartigkeit, Einmaligkeit; **la consecuencia** - Folge; **educativo/a** - Bildungs-, Erziehungs-; **la lengua propia** - eigene/zugehörige Sprache; **el derecho civil** - bürgerliches Recht; *la particularidad* - hier: Besonderheit, Einzigartigkeit; *pasaría por incluir* - würde/sollte einschließen/beinhalten; **la sanidad** - Gesundheitswesen; **el sistema electoral** - Wahlsystem; **el elemento** - Element, Bestandteil; **federal** - föderativ, Bundes-; *incorporar* - eingliedern, einfügen; **la cámara** - Kammer; **el territorio** - Gebiet; **subrayar** - unterstreichen; **caber** - hier: passen; **introducir** - einführen; *figurar* - erscheinen, stehen

---

🟧 Comprensión

Explica con tus propias palabras las siguientes expresiones:

poner proyectos encima de la mesa - poner algo al día - algo no puede pasar - Cataluña (no) se siente bien representada - una singularidad/particularidad - algo no cabe en la Constitución de 1978 - alguien subraya algo - alguien deja algo claro

Traduce:

lo he hecho con mis *propias* manos - actuar en defensa *propia* - es tu *propia* culpa - lo he visto con mis *propios* ojos - son sus *propias* palabras - pegar a su *propia* madre - eso es muy *propio* de ti - comprar productos *propios* de la región - «Toledo» es un nombre *propio* - tengo piso *propio*

■ **Gramática**

Transforma los puntos de este texto en discurso directo.

■ **Ejercicio de mediación**

Rubalcaba dice que en una constitución nueva reformaría el Senado. Infórmate en la red española sobre la forma actual de esta institución y explícala a tu curso.

■ **Comentario**

Compara este texto con el anterior (4.2.) y explica las diferencias fundamentales entre las evaluaciones (Einschätzung) de Rajoy y de Rubalcaba.

4.4. Rajoy y la Constitución de 1978

1   Alfredo Pérez Rubalcaba ha multiplicado sus contactos para buscar una solución «de Estado» al problema catalán. Esta semana se vio con Mariano Rajoy en la Moncloa, y ayer se reunió en la Generalitat con Artur Mas. Rubalcaba ofreció a Mas que renuncie a la consulta independentista a cambio de intentar la reforma constitucional en el sentido fe-
5   deral que él propone. Mas, que agradece estos movimientos, no está por esa labor, pero el principal escollo para cambiar ahora la ley fundamental sigue en La Moncloa: Rajoy dejó muy claro ayer desde Bruselas, aunque con palabras amables hacia el líder del PSOE, que no ve esa salida: «Para reformarla debe haber un consenso suficiente y un objetivo claro y determinado, que en este momento no lo veo.» Y remató: «Lo que se plantea de verdad no
10 es un problema de reforma constitucional, es la soberanía nacional, y yo la voy a defender porque creo en ella.»

Los líderes de los dos principales partidos del país han hablado varias veces y han tenido dos largas conversaciones sobre Cataluña en la Moncloa. Ambos encuentros entre el presidente y el líder de la oposición [concluyeron de forma similar]. Rubalcaba propone
15 una salida, no ve otra: la reforma constitucional hacia un modelo federal pactada con los partidos catalanes y todos los demás. Rajoy tiene un análisis distinto. Si se abre el melón constitucional, señala el presidente, según su entorno, CiU -y PNV y ERC- reclamaría incluir el derecho de autodeterminación. Y PP y PSOE lo rechazarían. IU haría planteamientos que las dos grandes formaciones no asumen. Y la conclusión, tras un largo proceso
20 con mucho coste político, sería una constitución apoyada sólo por PP y PSOE.

La de 1978, recuerdan los marianistas, tiene una gran ventaja: la apoyó desde el PCE, que aceptó la monarquía, hasta CiU, mientras el PNV pedía la abstención. Se votó de forma aplastante en Cataluña, incluso más que en Madrid. Fue una situación irrepetible, señalan, por las circunstancias excepcionales de salida de la dictadura.

El País, 26.10.2013

📖 **Notas**

multiplicar - hier: vervielfachen; **reunirse** - sich treffen, sich vesammeln; **renunciar** - verzichten; **a cambio de** - gegen, für; **intentar** - versuchen; **proponer** - vorschlagen; *agradecer* - dankbar sein; **el movimiento** - hier: Maßnahme, Schritt; *no está por esa labor* - nicht für diese Arbeit/Tätigkeit sein; *el principal escollo* (m.) - das wichtigste Hindernis; **la ley fundamental** - hier: la constitución; *La Moncloa* - Sitz des spanischen Regierungschefs; **amable** - höflich; **la salida** - hier: Lösung; **el consenso** - Übereinstimmung; **suficiente** - ausreichend; **el objetivo** - Ziel; **determinado/a** - bestimmt; *rematar* - beenden, abschließen; **defender** - verteidigen; **la conversación** - Gespräch; **ambos/as** - los/las dos; **el encuentro** - Treffen; *concluir* - hier: enden; *similar* - ähnlich; **hacia** - hier: in Richtung; **pactar** - absprechen, verabreden; **los/las demás** - die anderen; **distinto/a** - anders, verschieden; *el melón* - hier: Paket, Angelegenheit (pop.); *señalar* - hinweisen; **según** - gemäß, laut; *el entorno* - hier: Umfeld, Vertraute; **reclamar** - fordern; **incluir** - einschließen, beinhalten; **rechazar** - ablehnen; **el planteamiento** - Ansatz, Gesichtspunkt; *la formación* - aquí: el partido; **asumir** - übernehmen; **la conclusión** - (Schluss-) Folgerung; *el coste* - Kosten; **apoyar** - unterstützen; **recordar** - erinnern (an); *el marianista* - Anhänger von Mariano Rajoy; **la ventaja** - Vorteil; **la abstención** - Enthaltung; **votar** - hier: dafür stimmen; *aplastante* - erdrückend; **incluso** - sogar; *irrepetible* - unwiederholbar; **la circunstancia** - Umstand; **excepcional** - außergewöhnlich

---

■ Comprensión y análisis

1. Repite la propuesta que le hizo Rubalcaba a Artur Mas.

2. ¿Cuántos motivos de Rajoy para no cambiar la Constitución de 1978 encuentras en este texto? Repítelos.

■ Comentario

Explica cómo ves tú la relación entre la soberanía nacional y el derecho de autodeterminación de una comunidad. ¿Compartes la posición de Rajoy o piensas que es un pretexto para no ceder?

■ Vocabulario

El verbo y su complemento. Combina un verbo con un complemento y haz una oración.

renunciar - proponer - asumir - apoyar - recordar - hablar - ver
una propuesta - una reforma de la constitución - una solución - un episodio de su niñez - a una consulta - sobre un asunto complicado - la responsabilidad

4.5. Rajoy y Cameron se coordinan frente a Cataluña y Escocia

1   Los primeros ministros de Reino Unido y España, David Cameron y Mariano Rajoy, se reunieron ayer para coordinar su respuesta a las aspiraciones independentistas de Escocia y Cataluña. Aunque los Gobiernos de Londres y Madrid han afrontado de manera muy diferente este reto -el primero ha aceptado la celebración de un referéndum, que el segundo
5   rechaza de plano- Rajoy y Cameron se han puesto de acuerdo en la necesidad de explicar a los ciudadanos las consecuencias que tendría una secesión.

Ambos líderes coincidieron en que la independencia de Escocia o Cataluña supondría una exclusión automática de la UE, respecto a la que se convertirían en un Estado tercero, con todas las consecuencias que de ello se derivan (salida del mercado único, fin de la libre
10   circulación de ciudadanos, pérdida de la financiación del Banco Central Europeo).

«Es muy importante que a la opinión pública se le diga la verdad. Cuando alguien plantea algo, tienen la obligación de explicar a la gente las consecuencias de sus decisiones. Es lo único que pido y es bastante razonable», subrayó Rajoy ante la prensa.

El País, 30.11.2013

> ### 📖 Notas
> **coordinar** - aufeinander abstimmen; **frente a** - gegenüber; *la aspiración* - Streben, Bestrebung; **aunque** - obwohl, wenn auch; **afrontar** - gegenübertreten, begegnen; *el reto* - Herausforderung; **rechazar** - ablehnen; *de plano* - entschieden; **coincidir en** - übereinstimmen in; **suponer** - bedeuten; **la exclusión** - Auschluss; **respecto a** - bezüglich, hinsichtlich; **convertirse en** - werden zu; *derivarse* - sich ableiten; **la libre circulación** - freier Verkehr; **la pérdida** - Verlust; **la obligación** - Pflicht, Verpflichtung; **la decisión** - Entscheidung; **razonable** - vernünftig, angemessen; **subrayar** - unterstreichen

■ Comprensión y análisis

1.   Repite las actitudes de Cameron y de Rajoy frente a las aspiraciones de independencia de Escocia y de Cataluña.

2.   Explica quién debería explicar, según este texto, las consecuencias de una Cataluña independiente, ¿Madrid o Barcelona?

3.   Expón en qué están de acuerdo Cameron y Rajoy y en qué no.

34

■ Comentario / Ejercicio de mediación

¿Ya habéis tratado el tema de Escocia en la clase de inglés? Explica por qué Londres podría haber aceptado la celebración del referéndum?

Puedes informarte en la Wikipedia alemana («Referendum über die Unabhängigkeit Schottlands»).

■ Vocabulario

1. Rellena los espacios libres con *respetar, respectar, respecto a, al respecto* o *el respeto*

    a. Cataluña y Escocia se convertirían en Estados terceros . . . . la Unión Europea.

    b. ¿Por qué no . . . . . . (tú) ninguna señal de tráfico?

    c. No pienso decir nada más . . . . ese asunto.

    d. Por/En lo que . . . . . . Luis, andáis todos equivocados.

    e. . . . . a las leyes es algo que hay que aprender.

    f. ¿Qué piensas decir . . . .?

    g. Nuestro profesor de matemáticas es un tipo que se hace . . . .

    h. Tu actitud en este asunto merece mi . . . .

    i. ¿Por qué no tratas con . . . . . . a tus padres? Tu falta de . . . . llama la atención.

    j. ¿Hay algo que te ha hecho perder . . . . a ellos?

2. ¿Qué se puede ...?

    aceptar – afrontar – rechazar – subrayar – explicar – coordinar

    Escribe seis oraciones.

4.6. 210 páginas: una sólida batería de argumentos

1 El *Ministerio de Asuntos Exteriores* ha decidido pasar a la contraofensiva ante los intentos del presidente de la Generalitat, Artur Mas, de «internacionalizar» el contencioso catalán. El ministro José Manuel García Margallo ha remitido a las embajadas y los consulados que España tiene en todo el mundo un texto de 210 páginas titulado *Por la convivencia de-*
5 *mocrática*, cuyo objetivo es rebatir uno a uno los argumentos del independentismo. «Cuando se propone una acción política unilateral, que lo que persigue es el fin de la convivencia, es impropio hablar de un principio democrático», alega el manual de uso de *Exteriores*.

«Nunca desde la recuperación de las libertades, la sociedad catalana había vivido episodios de desgarro, fractura social y riesgo de enfrentamiento como hoy. La opción inde-
10 pendentista provoca el desconcierto y consternación del conjunto de la sociedad española, incluida gran parte de la catalana».

El País, 30.12.2013

> 📖 **Notas**
>
> **sólido/a** - fest, stabil; *la batería* - hier: Reihe, große Anzahl; **pasar a la contraofensiva** - zum Gegenangriff übergehen; **el intento** - Versuch; *el contencioso* - Streitverfahren, Streitfall; *remitir* - senden, verschicken; **la embajada** - Botschaft; **la convivencia** - Zusammenleben; **el objetivo** - Ziel; *rebatir* - widerlegen; **el independentismo** - Unabhängigkeitsbewegung; **proponer** - vorschlagen; **perseguir** - verfolgen, beabsichtigen; *es impropio* - es ist unangebracht/unpassend; *alegar* - geltend machen; *el manual de uso* - Handbuch; **la recuperación** - Wiedererlangung; **el episodio** - hier: Phase; *el desgarro* - Bruch, Zerrissenheit; **la fractura** - Bruch; **el riesgo** - Risiko; **el enfrentamiento** - Konfrontation; **la opción** - Wahlmöglichkeit; *el desconcierto* - Verwirrung, Bestürzung; *la consternación* - Bestürzung, Fassungslosigkeit; **el conjunto** - Gesamtheit; **incluido/a** - einschließlich

■ Vocabulario

1. ¿Qué ministerios tiene España actualmente? Mira la página www.es.wikipedia.org/wiki/Ministerios_de_España y pregunta a tus compañeros a qué ministerios alemanes podrían corresponder.

2. Traduce:

   a. La sociedad catalana nunca había vivido *episodios* de tanta fractura social.

   b. ¡Cuéntame algunos *episodios* de tu vida.

   c. Tengo los *24 episodios* de la colección.

   d. Nuestro profesor conoce todos los *Episodios nacionales* de Pérez Galdós.

   e. Acabamos de hablar de uno de los *episodios* más importantes del siglo XIX.

   f. En el Quijote hay varios *episodios* que no pertenecen a la acción principal.

   g. Eso ya lo ha olvidado Sergio. Es uno de los muchos *episodios* de su vida hippie.

   h. ¡Qué *episodio* tuvimos para encontrar gasolina!

■ Análisis

1. Busca cómo se expresa en el manual que las consecuencias de la política catalana actual son graves.

2. Expón la intención del ministerio de Asuntos Exteriores al producir este manual y la crítica al Gobierno catalán que aparece en este breve texto.

■ Comentario

1. Después de haber tratado en clase el capítulo *Madrid entre la espada y la pared*, opina si te parece justificado este título.

2. Opina sobre si fue o no fue una buena idea escribir el manual de uso *Por la convivencia democrática* y enviarlo a las representaciones de España en el mundo.

■ Ejercicio de mediación

El manual está en la red (www.exteriores.gob.es). Escoge uno o dos puntos y preséntalos en alemán.
Por ejemplo:
7.4. Sobre el llamado expolio [Ausraubung, Plünderung] fiscal o «España nos roba»;
7.5. ¿Acaso no invierte el Estado lo suficiente en Cataluña?

■ Descripción

Mira la cubierta de la publicación. ¿Qué quieren expresar sus autores con ella?

4.7. Todo sigue igual: Rajoy sólo abrirá el diálogo con Mas si éste aparca su plan sobre el referéndum

1 Tras unos días de buenas palabras y llamadas desde diversos foros a la mediación del rey Felipe VI en la crisis catalana, el presidente del Gobierno mandó ayer un mensaje claro: todo sigue igual, con la consulta encima de la mesa no hay nada que hacer.

Rajoy está muy molesto con Mas y las relaciones parecen rotas. La presión, sobre todo
5 empresarial, para buscar una salida es fuerte, pero el presidente no parece ver ninguna si nadie convence a Mas para que renuncie al referéndum.

El País, 24.06.2014

📖 **Notas**

aparcar - hier: vertagen, aussetzen; *el foro* - el coloquio, el debate; *la mediación* - Vermittlung; *(estar) molesto/a* - verärgert, beleidigt (sein); **empresarial** - Unternehmens-; **renunciar** - verzichten

---

■ **Comprensión**

Explica en castellano las siguientes expresiones: *aparcar, encima de la mesa, relaciones rotas, renunciar al referéndum*

■ **Ejercicio de mediación**

Uno de los primeros actos del nuevo Rey fue una visita oficial a Cataluña. Busca información en la Red y presenta a tu curso lo que has encontrado.

Por ejemplo:

http://www.diariodenavarra.es/noticias/mas_actualidad/nacional/2014/06/27/el_rey_felipe_lanza_mensaje_entendimiento_visita_cataluna_165339_1031.html

■ **Vocabulario**

1. **Reemplaza las siguientes palabras por un sinónimo:** *tras — diversos* **foros** *— todo sigue igual —* **la presión** *fuerte —* **buscar** *una salida*

2. **Explica a un español la diferencia entre** *aussetzen, verschieben* **y** *verzichten auf.*

5. Voces críticas y adversas

5.1. No con mis impuestos

1   Más de 2.000 policías movilizados expresamente, dispositivos de servicios médicos, ambulancias y carreteras nacionales cortadas. ¿Cuánto nos va a costar a los contribuyentes la broma de esta cadena independentista organizada para la Diada (véase las explicaciones al final de este texto)?

5   Ya cansa que los gastos de una minoría independentista, mimada por el poder y a la que se le consiente todo, los tengamos que acabar pagando el conjunto de la sociedad. A las generosas subvenciones que reciben estas entidades, ahora hay que sumar los millones de euros que puede acabar costando el numerito de este año.

Me parece perfecto que una asociación privada, como es el caso, organice el acto que le
10 dé la gana, pero no entiendo que sea a mi costa, de mis impuestos y de mi bolsillo.- (María Herrero. Santa Coloma de Gramanet/Barcelona)

Cartas al director, El País, 07.09.2013

📖 **Notas**

adverso/a - widrig, feindlich; **los impuestos** - Steuern; **movilizar** - einsetzen; *expresamente* - hier: extra dafür; *el dispositivo* - Vor-, Einrichtung, Gerät; **la carretera** - (Land-/Schnell-)Straße; **cortar** - abschneiden; **el contribuyente** - Steuerzahler; **la broma** - Spaß; **la cadena** - Kette (s.u); *la Diada* - (s.u.); **cansar** - ermüden, langweilen; **el gasto** - Ausgabe; *mimar* - verwöhnen; **consentir** - zulassen; **el conjunto** - Gesamtheit; **generoso/a** - großzügig; **la subvención** - Zuschuss; *la entidad* - hier: Organisation, Verein; *el numerito* - Show, Streich; *la asociación* - Vereinigung; *como es el caso* - wie in diesem Fall; **el acto** - hier: Handlung, Tat; **el bolsillo** - Tasche

---

El 11 de septiembre es desde 1980 el *Día de Cataluña*, o *Diada de l'Onze de Setembre*, o *Diada*. Se conmemora la caída de Barcelona en manos de las tropas borbónicas tras 14 meses de sitio (1714) al final de la *Guerra de Sucesión española* (1701–1713/14). Felipe V instaló un sistema centralista y abolió las instituciones catalanas.

📖 **Notas**

conmemorar - gedenken; **la caída** - Fall; **la tropa** - Truppe; **borbónico/a** - bourbonisch; *el sitio* - Belagerung; *la Guerra de Sucesión española* - spanischer Erbfolgekrieg; **instalar** - einrichten; *abolir* - abschaffen

■ Comprensión

Repite con tus propias palabras qué le molesta a la escritora de esta carta al director.

■ Taller de creación

1. Ya eres mayor y pagas impuestos. Di de tres cosas «¡No con mis impuestos!» y di por qué te molestaría subvencionar eso con tus impuestos.
2. Alguien ha hecho algo que no te gusta y le dices «¡Ese numerito no te lo perdono!» ¿Qué podría ser?

■ Vocabulario

Haz tres oraciones con cada una de estas expresiones.
«A mi/tu/etc. costa»; «hacer lo que me/te etc. da/de la gana».

■ Ejercicio de mediación

Infórmate sobre la *Guerra de Sucesión española* **y explica a tu curso lo que has leído.**
(Es suficiente leer el párrafo correspondiente en el artículo «Katalonien» en la Wikipedia alemana y http://www.lsg.musin.de/geschichte/!daten-gesch/16-17jh/abs-span-erb-krieg.htm)

■ Gramática

Traduce este pasaje del texto y haz dos oraciones con las perífrasis verbales en itálica.

Ya cansa que los gastos de una minoría independentista, mimada por el poder y a la que se le consiente todo, los tengamos que *acabar pagando* el conjunto de la sociedad. A las generosas subvenciones que reciben estas entidades, ahora hay que sumar los millones de euros que puede *acabar costando* el numerito de este año.

■ Comentario

1. Explica lo que es una carta al director.
2. Opina sobre el hecho de hacer de una derrota la fiesta oficial. ¿Qué intenciones podría haber tenido el parlamento catalán al hacer del 11 de septiembre la «fiesta nacional» de Cataluña? (1980)

Para celebrar la Diada de 2013 se formó una cadena humana desde la frontera con Francia hasta los límites con Valencia. Tomó parte, según los organizadores, medio millón de personas.

> 📖 **Notas**
> **celebrar** - feiern; **la cadena** - Kette; **el límite** - Grenze

La cadena humana del 11/09/2013

■ Descripción

¿Qué impresión tienes de esta fotografía?

5.2. Historia de un lavado de cerebro

1   El nacionalismo catalán en los últimos cuarenta años ha generado un «lavado de cerebro» a los catalanes y catalanas de tales magnitudes que roza lo ridículo. Es decir, están aplicando las mismas medidas represoras que le fueron aplicadas [a los catalanes -y a todos los españoles- por el régimen franquista.] A partir de la Constitución de 1978 se le concedió a

5   Cataluña el mayor grado de autogobierno que jamás ha tenido. Podría ser bueno siempre y cuando que dicho gobierno no cayera en manos de nacionalistas.

Sin embargo fueron los nacionalistas quienes entraron en el poder, y fue en ese momento cuando se educó a odiar todo lo español (comprensible hasta cierto punto, recordemos que hubo cuarenta años de represión). Se empezó con la inmersión, que más bien diría que

10 es imposición, también con la obligación de rotular en catalán, y sobre todo con la manipulación de la historia empezando por la Diada, la supuesta lucha España-Cataluña en 1714. El rechazo a lo español, a los nombres, a la historia común estaba de moda y todo

eso ha dado su fruto en cientos de miles de catalanes, muchos de ellos descendientes de andaluces y extremeños que han sufrido esta manipulación y que hace que ahora voten ¡Sí
15 a la independencia!

El factor económico de «robo a Cataluña», poca inversión y el famoso «Espanya ens roba» ha calado hondo incluso en los niños. No son más que mentiras, sólo hay que ver que las cuatro capitales catalanas están conectadas con AVE y tienen aeropuerto, y el impulso económico que se le dio a Barcelona en los JJOO de 1992 y que lanzó a esta ciudad al punto
20 de mira de millones de turistas. Quizás a estos niños y adultos habría que decirles quien les roba a los catalanes: véanse los casos de corrupción de CiU.

En definitiva la independencia de Cataluña es más bien de unos pocos, el problema es que la oposición está muy dividida y no puede hacerle frente a CiU y ERC, y que los actuales problemas económicos favorecen ciertos pensamientos radicales, como si la inde-
25 pendencia fuera a arreglarlos.

Para ilustrar lo que dice, el autor de este texto cita una carta publicada de forma anónima en internet. Su autor nació en Barcelona hacia 1980, o sea que ha pasado toda su vida en la Cataluña de la política catalanista.

«(…) Pero la verdad no se puede ocultar siempre. Te vas de Erasmus a Londres, y descubres
30 que existe vida fuera de nuestro pequeño planeta catalán. Descubres la verdad. Descubres que en 1714 no hubo ninguna guerra catalana-española, que Cataluña no participó en ninguna derrota bélica. Fue una guerra entre dos candidatos a la Corona de España, vacante desde la muerte de Carlos II sin descendencia: entre un candidato de la dinastía de los Borbones (de Francia) y otro de la de Austria (de tierras germánicas).
35 En todos los territorios de la Corona de España hubo austracistas y borbónicos: por ejemplo, Madrid, Alcalá y Toledo lucharon en el mismo bando que Barcelona. No fue, como intentan venderlo, una guerra de secesión, sino de sucesión: ningún bando aspiró nunca a romper la unidad dinástica entre Castilla y Aragón, ni la separación de Cataluña. La Diada, otro mito.»

http://s342176839.mialojamiento.es/OPnMind/

📖 **Notas**

el lavado de cerebro - Gehirnwäsche; *generar* - erzeugen, hervorbringen; *de tal magnitud* - von derartiger/m Größe/Ausmaß; *rozar* - streifen; **lo ridículo** - das Lächerliche; **aplicar** - anwenden; **represor/ora** - unterdrückend; **conceder** - gewähren; **jamás** - hier: jemals; *siempre y cuando (+subj.)* - vorausgesetzt dass; **dicho/a** - besagter/e; **cayera** - de *caer*; **sin embargo** - trotzdem, jedoch; **odiar** - hassen; **comprensible** - verständlich; **hasta cierto punto** - bis zu einem gewissen Grad; **la represión** - Unterdrückung; **la inmersión** - Eintauchen (s.u.); *la imposición* - Auferlegung; *rotular* - beschriften; *supuesto/a* - angeblich, vermeintlich; *el rechazo* - Ablehnung, Zurückweisung; **el fruto** - Frucht; *el descendiente* - Nachkomme; **sufrir** - (er)leiden; **votar** - hier: stimmen für; **la inversión** - Anlage; **ens (cat.)** - nos; **calar hondo** - tief eindringen; **incluso** - sogar; **el impulso** - Antrieb, Impuls; *lanzar* - hier: bringen, rücken; *el punto de mira* - hier: Blickfeld; **en definitiva** - letzten Endes; **hacer frente a** - jdm. entgegentreten; **favorecer** - begünstigen; **ciertos pensamientos** - gewisse Gedanken; **arreglar** - in Ordnung bringen

El sistema de inmersión

¿Has estado o estás inmerso/a o sumergido/a en una lengua o rodeado/a de ella? Claro que sí. ¿Y eso que significa cuando oyes, dices o lees algo? Después de reflexionar sobre estas dos preguntas, puedes definir tu mismo/a lo que es la **inmersión lingüística** y como se puede llevar a cabo.

Sin duda alguna, el sistema de inmersión es el mejor método para aprender una lengua. Problemas surgen, si la política empieza a impedir, o castigar, o prohibir el uso de otra lengua.

■ Comprensión y análisis

1. Repite lo que dice el autor sobre la Constitución de 1978.

2. Traduce el párrafo «En definitiva la independencia … como si la independencia fuera a arreglarlos.»

3. Explica la expresión «lavado de cerebro».

4. Explica qué le parece ridículo al autor de este texto.

5. Describe los reproches que el autor hace al gobierno catalán.

6. Presenta la ventaja que tuvo para el autor de la carta anónima su estancia en Londres.

7. Explica la frase «La independencia de Cataluña es más bien de unos pocos».

■ Vocabulario

¿Qué verbo se puede combinar con qué sustantivo?

entrar — manipular — construir — romper — rechazar — votar — pasar — ocultar — descubrir	todo lo español — una unidad — por la independencia — la historia — la verdad — un mito — en el poder — la verdad — toda su vida

■ Comentario

1. Analiza la política de la Generalitat de los últimos cuarenta años presentada en este texto. ¿Qué elementos te parecen justificables (vertretbar) y comprensibles, y en qué casos hablarías de lavado de cerebro o de mentiras?

2. «El nacionalismo se cura viajando», ha dicho el escritor español Pío Baroja (1872-1956). Comenta esta frase.

3. Al hablar o escribir de hechos históricos muchas veces se comete un error: Hay que ver y estudiar lo sucedido desde el tiempo en el que sucedió y no desde el presente (historicidad, conciencia histórica). ¿Por qué? ¿Qué motivos se puede tener si no se observa esta regla?

■ Gramática

Traduce:

1. Podría ser bueno siempre y cuando dicho gobierno no cayera en manos de nacionalistas.
2. Dieses System funktioniert, wenn die politische Verantwortung nicht in die Hände der Nationalisten fällt.
3. Dieses System würde funktionieren, wenn die politische Verantwortung nicht in die Hände der Nationalisten fiele.
4. Dieses System hätte funktioniert, wenn die politische Verantwortung nicht in die Hände der Nationalisten gefallen wäre.
5. Da die politische Verantwortung in die Hände der Nationalisten gefallen ist, haben sich die Wünsche der Verfassungsväter nicht erfüllt (un deseo se cumple / no se cumple).

■ Ejercicio de mediación

1. Infórmate sobre la *Guerra de Sucesión española* y explica a tu curso lo que has leído. (Si no se ha hecho en 5.1.)

2. La manipulación de la historia es un fenómeno frecuente. Los historiadores británicos Eric Hobsbawm y Terence Ranger han escrito un libro sobre ello. En la red alemana encuentras un breve artículo sobre este libro. (http://www.forum-inter-kultur.net/Erfundene-Traditionen.201.0.html). Presenta su contenido a tu curso.

■ Descripción

Describe lo que ves en este dibujo. ¿Te parece graciosa esta caricatura? ¿Por qué? ¿No te hace gracia? ¿Por qué no?

http://rebuznometro.blogspot.com/2012/11/las-vinetas-del-dia-artur-mas-y-cataluna.html

📖 **Notas**

prestigioso/a - angesehen; **el historiador** - Historiker; **afirmar** - behaupten, bestätigen; *el Montjuic* - Berg in Barcelona; *Jordi, Montse* - dos típicos nombres catalanes; **expulsar** - vertreiben, ausstoßen; *pecar* - sündigen, *¡collons!* (katal.) (vulg.) - etwa: Mist! Scheiße!

5.3. El instrumento adoctrinador número uno

1   Tras conocer la decisión de cerrar *Canal 9* [programa de televisión de la comunidad valenciana] para acabar con su insostenible despilfarro, a muchos nos ha venido a la cabeza una pregunta: ¿y *TV-3*? *TV-3* nos cuesta a los sufridos contribuyentes catalanes cuatro veces más que *Canal 9* a los valencianos. Y su gestión económica es sencillamente desastrosa:

5   una cadena que emite sólo para Cataluña tiene contratados el triple de trabajadores que las cadenas privadas que emiten para toda España y además con casi el doble de sueldo. ¿Hasta cuándo tanto derroche a nuestra costa?

    Pero que nadie se haga ilusiones de que la lógica económica triunfe en Cataluña. Antes nos echarán el cerrojo a la sanidad y a la educación que al instrumento adoctrinador nú-

10 mero uno del Gobierno catalán. (María Caro. Lleida/Lérida)

Cartas al director, El País, 9.11.2013

📖 Notas

adoctrinar - indoktrinieren, in eine bestimmte Richtung beeinflussen; **la decisión** - Entscheidung; *insostenible* - unhaltbar; *el despilfarro* - Verschwendung; *sufrido/a* - leidgeprüft; **el/la contribuyente** - Steuerzahler; **la gestión** - Geschäftsführung; **sencillamente** - schlicht und einfach; *desastroso/a* - katastrophal; **la cadena** - hier: Sender; **emitir** - senden, ausstrahlen; **contratar** - ein-, anstellen; **el triple** - das Dreifache; **el doble** - das Doppelte; *el derroche* - Verschwendung; **a nuestra costa** - auf unsere Kosten; *echar el cerrojo* - den Riegel vorschieben; **la sanidad** - Gesundheitswesen

---

■ Comprensión

Repite con tus propias palabras qué le molesta a la escritora de esta carta al director.

■ Vocabulario

1.   *Echar* es un verbo que se usa frecuentemente y con el que existen muchas locuciones. Mira en un diccionario bilingüe la entrada *echar* y escribe seis frases alemanas. Un compañero deberá traducirlas empleando el verbo *echar*.

2.   Reconstruye las frases con un elemento de cada lado.

no te hagas … / algo me viene … / te gusta gastar dinero … / debes contratar … / trabajas menos que yo … / la lógica … / acaba de una vez …	… y ganas el triple de sueldo / … triunfa pocas veces / … ilusiones / … a la cabeza / … con ese despilfarro / … el doble de trabajadores / … a nuestra costa

■ Comentario

Juzga si la televisión puede ser efectivamente un «instrumento adoctrinador» o si los telespectadores son demasiado inteligentes para dejarse manipular.

■ Ejercicio de mediación

En internet puedes encontrar mucha información sobre el cierre de RTVV (Ràdio Televisió Valenciana). (Por ejemplo en http://www.elblogsalmon.com/entorno/cierre-de-canal-9-buenas-y-malas-noticias o en http://sociedad.elpais.com/sociedad/2013/11/07/actualidad/1383857640_793349.html).

Presenta en pocos minutos la historia de *Canal 9* y por qué fue cerrado.

Logotipo de TV-3

5.4. El victimismo catalán

El *victimismo* es un término derivado de *víctima* (Opfer). Significa «sentirse víctima de algo o de alguien», «hacerse la víctima», «quejarse excesivamente sin tener motivo». (El sufijo -ismo indica aquí una actitud.)

A. La pedagogia del odio

1 (…) Se orquestó una campaña para intentar convencer a los catalanes que estaban financieramente discriminados, llegándose a utilizar términos -»España nos roba», «expolio catalán»- que eran un puro insulto al resto de los españoles. Todo ello en medio de una gravísima crisis económica que fue aprovechada por los nacionalistas para argumentar
5 que la única salida viable era la independencia.

En definitiva, el clima político creado en Cataluña a lo largo de estos años ha alcanzado sus fines: ampliar el número de partidarios de la independencia. Se ha partido del lema «el Estatuto de 1979 ya no nos sirve» para llegar al «España no nos sirve», pasando por «en la Transición nos equivocamos al ceder demasiado», «la Transición se hizo bajo presión del
10 franquismo», «el TC es un órgano político y no jurisdiccional» (véase la explicación), «con los impuestos que pagamos los catalanes vive media España», «la situación de la lengua catalana está peor que nunca», «España es un Estado centralista». Esta pedagogía del odio ha hecho mella en el ciudadano: escuela, medios de comunicación, instituciones de la sociedad civil (entre ellas las distintas directivas del Barça), partidos políticos (incluidos los
15 no oficialmente nacionalistas) y hasta sondeos demoscópicos manipulados han contribuido a ello. El paciente catalanismo político autonomista ha pasado al independentismo más impaciente: «España está débil: ahora o nunca.»

Este es el actual momento político catalán. Mírese por donde se mire, la salida ya no puede ser buena: será mala o muy mala.

Francesc de Carreras, Cataluña: la espiral del silencio
El País, 30.12.2013

En 2006 se aprobó en las Cortes y en Cataluña un nuevo Estatuto. Fue recurrido por ser considerado inconstitucional, y el 28.06.2010 el Tribunal Constitucional declaró 14 artículos inconstitucionales e hizo observar la «ineficacia jurídica» del Preámbulo, donde figura el término «nación» referido a Cataluña. Dos semanas más tarde, tuvo lugar en Barcelona una manifestación con el lema «Som una nació, nosaltres decidim», con una asistencia de un millón y medio de personas, según los organizadores.

aprobar - hier: zustimmen; *recurrir* - Beschwerde/Rechtsmittel einlegen; *hacer observar* - hinweisen auf; *la ineficacia* - Unwirksamkeit; *el preámbulo* - Präambel, Einleitung; **figurar** - enthalten sein; **referido/a a** - bezogen auf

---

📖 Notas

orquestar - hier: inszenieren, einfädeln; **la campaña** - großangelegte Aktion; **convencer** - überreden, -zeugen; *el expolio* - Plünderung, Ausraubung; **puro/a** - rein; **el insulto** - Beleidigung; **aprovechar** - ausnutzen; *viable* - gangbar; **en definitiva** - letzten Endes; **crear** - (er)schaffen; **a lo largo de** - während; **alcanzar** - erreichen; **el fin** - hier Ziel; **ampliar** - erweitern, vergrößern; **el partidario** - Anhänger; **partir de** - ausgehen von; **el lema** - Motto, Devise, Losung; **equivocarse** - sich irren; **ceder** - nachgeben; **la presión** - Druck; *TC (Tribunal Constitucional)* - Verfassungsgericht; *jurisdiccional* - Gerichts-; *hacer mella* (f.) - beeindrucken, Spuren zurücklassen; **distinto/a** - verschieden; *la directiva* - Vorstand; **incluir** - einschließen; *el sondeo demoscópico* - Meinungsumfrage; **contribuir a** - beitragen zu; **(im)paciente** - (un)geduldig; **débil** - schwach; *se mire por donde se mire* - wie immer man es betrachten mag

---

■ **Ejercicio de mediación**

Este texto también se encuentra en la Red. Lee la segunda parte, en la que se explica el título (*Cataluña: la espiral del silencio*) y presenta su contenido a tu curso: http://elpais.com/elpais/2013/12/27/opinion/1388171285_640821.html

■ **Análisis**
Opina cómo ve el futuro el autor.

B. El victimismo va calando

1 Artur Mas quiere que el victimismo vaya calando en sectores hasta hoy reacios a la independencia. Se trata de repetir machaconamente estos mensajes tan conocidos: España nos roba, ya no nos sirve, nos ha maltratado desde 1714, desprecia la lengua catalana, el proceso recentralizador es incesante, el café para todos no es lo que queremos. (Véase la
5 explicación.) Muchos ya están convencidos de estas supuestas desgracias, pero aún quedan otros por convencer para alcanzar una mayoría aplastante.

Probablemente, el objetivo final no sea la independencia - la UE es un obstáculo insalvable- sino forzar una situación en la que sea inevitable crear un marco constitucional nuevo para que Cataluña goce de una posición singular respeto a las demás
10 comunidades autónomas, con todas las ventajas de la independencia sin ninguno de sus inconvenientes.

Mientras, el Gobierno de Rajoy se limita simplemente a interponer recursos. Una pobre política para una grave situación. Cada día que pasa, el victimismo hace ganar votos al independentismo. Que en Madrid lo mediten.

Francesc de Carreras, Objetivos cumplidos, El País, 14.12.2013

El café para todos: Al implantar la democracia después de la muerte de Franco, todo el territorio de España fue convertido en comunidades autónomas, y cada una se dio un estatuto. Pero algunas comunidades hubiesen preferido un trato especial. La fórmula de «café (con leche) para todos» estuvo presente desde el principio.

📖 **Notas**

ir calando - eindringen, Wirkung zeigen; **el sector** - hier: Gruppe, Bereich; *reacio/a a* - abgeneigt, ablehnend; **repetir** - wiederholen; *machacón/ona* - beharrlich, verbissen, darauf herumreitend; **el mensaje** - Botschaft; **maltratar** - misshandeln; **despreciar** - verachten; *recentralizador/ora* - wieder zentralisierend; *incesante* - ununterbrochen; *supuesto/a* - angeblich; **la desgracia** - Unglück; *aplastante* - erdrückend; **probablemente** - vermutlich; **el objetivo** - Ziel; **el obstáculo** - Hindernis; *insalvable* - unüberwindbar; **sino** - sondern; *forzar* - erzwingen; **inevitable** - unvermeidbar; **el marco** - Rahmen; *gozar* - genießen; **singular** - einzigartig; **respecto a** - in Bezug zu; **la ventaja** - Vorteil; **el inconveniente** - Nachteil; **limitarse a** - sich auf etw. beschränken; *interponer recursos* (m.) - Einspruch erheben; **meditar** - nachdenken

◼ Comprensión y análisis

1. **Repite con tus propias palabras el contenido de cada uno de estos tres párrafos.**

2. **Pon un título a cada uno de los párrafos de este texto.**

3. **¿Son justas o equivocadas las siguientes frases?**

   a. El autor elogia la política de Rajoy.
   b. Sin duda alguna la Generalitat quiere la independencia.
   c. Cataluña no ve reflejada su situación singular en un Estado de autonomías.
   d. Si se repite muchas veces una mentira la gente acabará creyéndola.
   e. El autor piensa que los reproches que en Cataluña se hacen a España son justificados.

4. **Haz un cuadro con cinco columnas y ordena los diferentes aspectos que encuentras en estos dos textos:**

   Reproches de la Generalitat a Madrid - Reproches del autor a la Generalitat - Reproches del autor a Madrid - Objetivos de la Generalitat según el autor - Táctica de la Generalitat

5. **Después de leer este texto, puedes añadir más puntos a la lista que comenzaste en 2.1.**

¿Qué es (más o menos) lo contrario de ...?

Forma parejas. (Para que no sea tan fácil, en el segundo cuadro hay más términos).

---

es evitable — la ventaja — es partidario/a — es conocido/a — maltratar — es grave — la suerte

---

el inconveniente — la desgracia — no es problemático — es ignorado/a — tratar bien — es inevitable — la desventaja — no es un/una seguidor/ora — no se puede evitar — es deconocido/a — mimar

---

■ **Comentario**

Piensa en los textos sobre el separatismo catalán que ya has tratado en clase. ¿Ya ha aparecido alguna vez esta actitud victimista?

5.5. ¿Quién pone en riesgo el catalán?

1 Recientemente, un amigo británico residente en Barcelona se apuntó a unas clases de catalán para adultos organizadas por la Generalitat. En las clases, se encontró con una sorpresa desagradable: no se permitía comparar el catalán con el español. Cuando él u otro alumno se referían al español, la profesora les replicaba que era una clase de catalán y que
5 dejaran de mencionar el español.

Mi amigo decidió dejar las clases porque entendió que no le estaba permitido realizar un proceso psicolingüístico normal: apoyarse en las otras lenguas que conoce, el español en este caso, para avanzar con el catalán. Mi amigo razonó que en estas clases de la Generalitat no se enseña la lengua de la manera más adecuada para los alumnos sino que se
10 hace política. Su actitud hacia el catalán cambió, quedó teñida por esta mala experiencia y ahora se comunica prácticamente siempre en español.

El causante de que mi amigo abandonara su deseo por aprender catalán no fue el Gobierno español, ni el *Tribunal Constitucional*, ni el PSOE. Fue la propia Generalitat con su política de negación del español.
15 Esta anécdota no es un caso aislado, sino que es ilustrativa de lo que sucede en Cataluña desde hace muchos años: tenemos una política lingüística que, en lugar de despertar el deseo de los hablantes de otras lenguas por el catalán, acaba causando en muchos de ellos el rechazo y una desgana por esta lengua.

Mercè Vilarrubias, ¿Quién pone en riesgo el catalán?
El País, 01.03.2014

Comprensión y análisis

1. Repite lo que prohibía la profesora de catalán a los estudiantes.

2. Describe la reacción del estudiante británico.

3. Hazte una chuleta (Spickzettel) con unas diez palabras y repite el contenido de todo el texto.

4. Repite los reproches que la autora de este texto hace a la profesora y al Gobierno catalán.

Comentario

1. Evalúa la actitud de la profesora. ¿Es comprensible?

2. ¿Qué opinas de la reacción del estudiante británico?

Vocabulario

Responde:

¿A qué puedes apuntarte? ¿A qué se puede uno referir? ¿Qué se puede abandonar? ¿Qué se puede mencionar? ¿En qué te puedes apoyar? ¿Qué puede despertar algo o alguien en ti?

Logotipo de «Parla cat». Aprende catalán en Internet

parla·CAT

5.6. La Generalitat boicotea sentencias

■ Aproximación al texto

Mira primero este vocabulario, porque el texto que sigue tiene que ver con la jurisdicción.

el tribunal	Gericht	cumplir una sentencia	ein Urteil umsetzen
la sentencia	Urteil	aplicar una sentencia	ein Urteil anwenden
la resolución	Richterspruch	ejecutar una sentencia	ein Urteil ausführen
	Gerichtsbeschluss	recurrir una sentencia	gegen ein Urteil Rechtsmittel einlegen
el fallo	Urteil, Urteilsspruch	apelar	hier: Berufung einlegen
judicial	Justiz -, Gerichts-	legal - ilegal	legal - illegal, gesetzwidrig

1   A la reciente resolución del *Tribunal Supremo*, en la que instaba a la Generalitat de Cataluña de no demorar la utilización del español como lengua vehicular de la educación, se sumó ayer el fallo del *Tribunal Superior de Justicia de Cataluña* (TSJC), en el que establece que un mínimo del 25% de las clases lectivas debe impartirse en español si el padre
5   de un alumno lo solicita. El *Tribunal Supremo* había hablado de una «proporción razonable», sin cuantificarla, lo que en la práctica dejaba a la Generalitat un cheque en blanco para no aplicar la sentencia.

    Las diversas instancias judiciales han hablado y teóricamente el asunto está claro, pero la realidad no es así porque la Generalitat puede recurrir ante el *Supremo* esta última
10   resolución del TSJC. E incluso puede apelar en última instancia a que el *Constitucional* se pronuncie sobre la validez de las leyes educativas estatales.

    El asunto es muy fácil de entender: La Generalitat se niega a ejecutar las sentencias del *Supremo* y del TSJC y busca todo tipo de triquiñuelas legales para boicotear resoluciones de obligado cumplimiento y para boicotear la legalidad constitucional según la cual Cata-
15   luña es una comunidad bilingüe.

http://www.elmundo.es/opinion/2014/01/31/52ec091dca4741241b8b4577.html

> **📖 Notas**
> *reciente* - kürzlich, jüngst; *instar* - drängen, auffordern; *demorar* - verzögern; **la utilización** - Benutzung; **la lengua vehicular** - Unterrichts-, Arbeitssprache; *sumarse* - sich anschließen; *establecer* - festlegen; *la clase lectiva* - Unterrichtsstunde; *impartir* - erteilen; *solicitar* - beantragen; **la proporción** - Verhältnis; **razonable** - vernünftig; *cuantificar* - in Zahlen beschreiben; **diverso/a** - verschieden(artig), unterschiedlich; *pronunciarse* - hier: Stellung nehmen; *la validez* - Gültigkeit; **negarse a** - sich weigern; *todo tipo de* - allerlei; *la triquiñuela* - Trick; *de obligado cumplimiento* - deren Erfüllung Pflicht ist

■ Vocabulario

Traduce:

1.   Mi hermano me *ha negado* cualquier forma de ayuda.
2.   El ministro *niega* haber recibido un sobre con dinero.
3.   Aunque tenía dinero en la cuenta, el banco le *negó* un crédito.

4. Debes aceptar que esa chica *se niegue a* volver a salir contigo.
5. Está tan decepcionado de sus hijos que los *niega*.
6. Tus respuestas *negativas* no me desaniman.

■ Análisis

1. Presenta los tres tribunales que se mencionan en este texto.
2. Analiza cual es el asunto principal de este texto.
3. Opina si existe alguna relación entre este texto y el anterior.

■ Comentario

1. Juzga si es compatible con un sistema democrático ignorar sentencias que no cuadran con los planes de uno (ins Konzept passen).

2. ¿Ya habéis hablado en la clase de ciencias políticas de los poderes ejecutivo, legislativo y judicial? Comenta si los tres tienen el mismo rango?

3. Explica la diferencia entre *legal* y *legítimo*.

■ Descripción

¿Por qué la diosa Justicia suele ser representada con los ojos vendados? ¿Que simbolizan la balanza y la espada?

5.7. El siniestro aventurero Artur Mas

Aproximación al texto

A continuación encuentras una familia de palabras que no va, o no debería ir, con el mundo de la política.

la aventura - Abenteuer; **el aventurero** - Abenteurer; **aventurero/a** - abenteuerlich; *el aventurismo* - Abenteuerlust, -geist

1. **Ahora traduce las siguientes expresiones:**

   el espíritu aventurero — andar en busca de aventuras — embarcarse (hier: sich einlassen) en una aventura — la política aventurera

2. **Haz una oración con cada una de estas expresiones.**

1   Mas dejará una herencia de aventurismo, radicalidad, intolerancia, demagogia y ruptura social que ya se puede percibir. Sin la destrucción intelectual creada por el pujolismo no habría sido posible. En ambos casos, el instrumento es el control mediático y social, incluso con formas de repudio a lo castrista, mientras que uno de los objetivos puede bien ser el
5   amparo de la corrupción.

http://www.cronicaglobal.com/es/notices/2013/11/el-siniestro-aventurero-artur-mas-2750.php

> 📖 **Notas**
> *siniestro/a* - unheil-, verhängnisvoll; **la herencia** - Erbe; **la ruptura social** - gesellschaftl. Spaltung; **percibir** - wahrnehmen, (be)merken; **la destrucción** - Zerstörung; **crear** - (er)schaffen; *el pujolismo* - política catalanista del primer presidente de la Generalitat Jordi Pujol (1980-2003); *mediático/a* - Medien-; *el repudio* - Ablehnung, Verstoßung; *a lo castrista* - al estilo de Fidel Castro; **el objetivo** - Ziel; *el amparo* - Schutz

Comprensión y análisis

1. **Explica el significado de los términos** *la demagogia* **y** *el amparo de la corrupción*.

2. **Explica lo que quiere decir el autor de este texto con «ruptura social», «destrucción intelectual», «el control mediático» y «el control social».**

Vocabulario

Busca los verbos de los siguientes sustantivos:

la herencia — la ruptura — la destrucción — el control — la corrupción

■ Taller de creación

Busca ejemplos en la historia de una política aventurera y justifica tu opinión.

■ Descripción

1. Describe esta caricatura. (¿Cómo se presenta al Sr. Mas? ¿Qué sabes de este personaje bíblico?)

2. Lee y comenta los diez mandamientos.

3. Da tu opinión sobre esta caricatura.

http://rebuznometro.blogspot.com/2012/11/las-vinetas-del-dia-artur-mas-y-cataluna.html

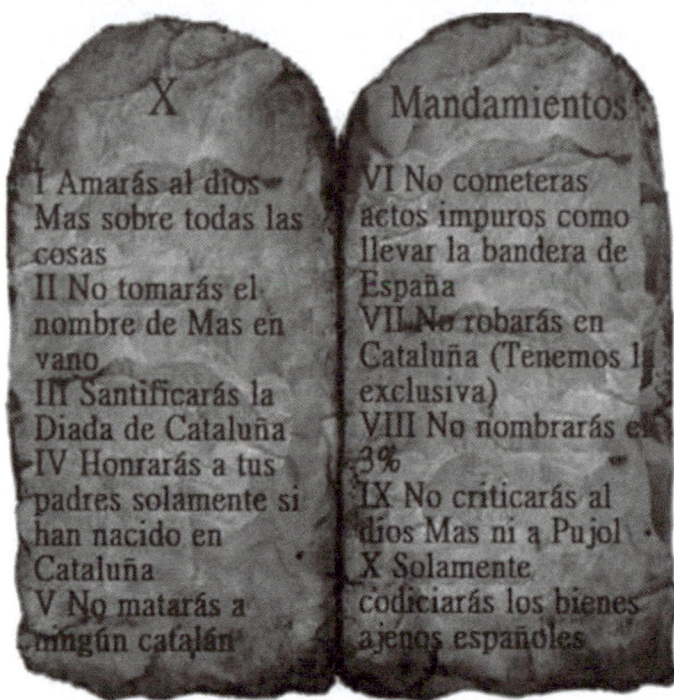

6. Antes del cierre de edición

1 No es fácil escribir un texto de «última hora», porque se podría escribir cada día uno nuevo. El asunto está pendiente, está en el aire, a Artur Mas se le ocurre cada dos por tres algo nuevo. Un periódico como *El País* tiene cada día varias páginas sobre la cuestión catalana, tituladas «El encaje de Cataluña en España» o «El reto soberanista de Cataluña». Además,
5 el conflicto se adentra cada vez más en un terreno y vocabulario jurídico, que carecen de interés para el alumnado. Por eso, aquí nos limitamos a algunos enfoques sobre el desarrollo reciente:

> **el cierre de edición** - Redaktionsschluss; *estar pendiente* - anhängig sein; **ocurrir** - hier: einfallen; **cada dos por tres** - ständig, dauernd; *el encaje* - Einfügung, Einpassung; **el reto** - Herausforderung; *adentrarse en* - eindringen in; **el terreno** - hier: Gebiet; **carecer de** - no tener; *el alumnado* - Schülerschaft

El lunes, 29 de septiembre de 2014, el pleno del Tribunal Constitucional (TC) ha suspendido por cinco meses por unanimidad la consulta soberanista catalana prevista para el 9 de noviembre. El Gobierno central había presentado recursos de inconstitucionalidad contra la ley de consultas, que había aprobado el parlamento catalán el 19 de septiembre, y el decreto de convocatoria. (*El Heraldo de Aragón, 29.09.2014*)

Mas intentará sustituir la consulta por un «proceso de participación», un sustituto de consulta en el que habrá urnas. Este «proceso de participación» se celebraría en locales propios de la Generalitat en todos los municipios catalanes y habría miles de mesas de votación. Donde los alcaldes no quieran participar se hará igualmente, pues la Generalitat cree que podrá contar con más de 20.000 voluntarios. (*El País, 14.10.2014*)

Un teólogo católico advertía hace poco del riesgo de una identificación del cielo cristiano con un ideal político concreto. (*La Vanguardia, 01/09/2014*)

Mas presiona a 700 alcaldes por correo electrónico para que colaboren con el 9-N y cedan locales municipales. (*El País, 24,10.2014*)

> 📖 **Notas**
> **el pleno** - Plenum, Vollversammlung; *suspender* - hier: aussetzen; *por unanimidad* - einstimmig; *el recurso* - Berufung, Einspruch; **aprobar** - hier: zustimmen; *el decreto de convocatoria* - Einberufungs-Verfügung; **sustituir** - ersetzen; **la participación** - Beteiligung; *el municipio* - Gemeinde; *advertir de algo* - warnen vor; **la identificación** - Gleichsetzung; *presionar* - unter Druck setzen; *ceder* - hier: zur Verfügung stellen; **el local** - hier: Räumlichkeit

■ Comprensión y análisis

1. Analiza el reproche que le hace el teólogo católico al gobierno catalán.

2. Puedes ser creativo como Artur Mas: inventa una expresión alemana parecida a «Proceso de participación».

3. Explica por qué el Sr. Mas insiste en que hayan urnas y mesas de votación.

4. Explica la diferencia que hay entre *una ley y un decreto*.

5. Explica la expresión «recurso de institucionalidad».

6. ¿En qué contextos se menciona a Artur Mas en estos breves textos?

■ Comentario

1. Opina por qué motivos algunos alcaldes podrían negarse a colaborar en el 9-N.

2. Explica y evalúa la expresión «el cielo cristiano».

■ Vocabulario

1. ¿Qué expresiones son más o menos sinónimas?

no quieren participar - advertir de un riesgo - celebrar - previsto/a - se hará igualmente - propio/a de	debe tener lugar - decir que existe un peligro - que pertenece a - se niegan a - le celebrará de todos modos - tener lugar

2. Haz dos oraciones con cada una de las siguientes expresiones: *cada dos por tres - carecer de.*

¡Sigue informándote!